101

ABWECHSLUNGSREICHE

5 MINUTEN DIKTATE

ZUM GEZIELTEN RECHTSCHREIBTRAINING

3./4. Klasse Deutsch

inkl. Rechtschreibübungen

INHALT

EINLEITUNG

Wie knifflig die deutsche Sprache ist, zeigt sich schon allein an der Tatsache, dass wir selbst als Erwachsene oftmals mit der korrekten Schreibweise hadern. Da wundert es nicht, vor welch enorme Probleme die Rechtschreibung Kinder im Grundschulalter stellen kann. Denn selbst wenn die einzelnen Begriffe ausführlich im Unterricht hergeleitet, besprochen und geübt werden, wollen sie in manchen Köpfen einfach nicht hängenbleiben.

Die Herausforderung für Sie als LehrerIn besteht zudem darin, eine komplette Gruppe, die von Haus aus kein einheitliches Leistungsniveau aufweist, erfolgreich durch den Deutsch-Lehrplan zu bringen. Rechtschreibschwache Mädchen und Jungen werden sich ebenso darunter befinden wie orthographische Überflieger. Allen irgendwie gerecht zu werden, ist da alles andere als einfach.

Um Ihre Schüler bestmöglich fördern zu können, ist es entscheidend, die jeweiligen Knackpunkte zu kennen und diese zu berücksichtigen. Wohnen Sie in einer Region mit starkem Dialekt? Wurden die sprachlichen Wurzeln vieler Kinder von anderen Muttersprachen geprägt, deren Grammatik deutlich von der deutschen abweicht? Sind die Schüler vermehrt sozialen Medien ausgesetzt, in denen mit Symbolen und Abkürzungen kommuniziert wird? All diese Fragen können Ihnen hilfreiche Hinweise geben, um die Problemstellung Ihrer Klasse besser nachvollziehen und die Deutschstunden darauf ausrichten zu können.

Selbstverständlich werden Sie entsprechend Ihrem Lernplan für die 3. und 4. Klasse Lernwörter und die dafür geltenden Regeln durchnehmen. Dies ist der erste Schritt zu einem gefestigten Grundwortschatz und dessen korrekter Anwendung. Aufbauend darauf können Diktate helfen, fehlerfrei zu schreiben und das Verständnis für das Gehörte sowie Gelesene zu schärfen. So prägen sich neben der korrekten Betonung gleichzeitig die Groß- und Kleinschreibung sowie die Zeichensetzung ein. Dadurch kann wiederum die allgemeine Ausdrucksfähigkeit der Kinder langfristig verbessert und erweitert werden. Und natürlich ist das Diktat ebenso ein Instrument, um den aktuellen Kenntnisstand Ihrer Schüler abzufragen.

Dieses Buch soll als Ihnen als praktische Materialsammlung für Diktattexte dienen, um Ihren Klassen konkrete Stolperfallen wie beispielsweise den nicht immer so leicht hörbaren Unterschied zwischen „b“ und „p“ aufzuzeigen und mehr Sicherheit bei der richtigen Schreibweise anzutrainieren. Auch wenn Sie einmal einen sinnvollen Lückenfüller für die Deutschstunde brauchen, ist unser kleiner Helfer jederzeit schnell zur Hand.

Alle 101 Texte wurden als klassische Vorlesediktate konzipiert. Dennoch können Sie sicher manche Inhalte für weitere

interaktive Varianten übernehmen, die den Unterricht auflockern. Egal, ob es sich um ein Partner-, Dosen-, Lauf- oder Fehlersuchdiktat handelt und ob dieses in der Gruppe, im Zweierteam oder allein durchgeführt wird – alternative Diktatformen setzen auf weitere didaktische Methoden als das bloße Hörverständnis und stellen eine wirksame Ergänzung für Ihren Unterricht dar.
Wie Sie bereits an der Inhaltsangabe erkennen konnten, haben wir uns auf die Vertiefung schwieriger Buchstabenpaare konzentriert. Themendiktate zu jahreszeitlichen Anlässen und dergleichen finden Sie hingegen in zahlreichen anderen Quellen. Diese können die Schulstunde schön abrunden, sobald die sprachlichen Grundlagen gelegt sind.
Auch fächerübergreifende Diktate haben wir ausgeklammert, da die Lehrpläne beispielsweise für den Sachunterricht bundesweit zu stark voneinander abweichen. Es ist allerdings erwiesen, dass Kinder umso mehr bei der Sache sind, wenn sie die Zusammenhänge bereits kennen und sich für die Materie begeistern. Sprechen Sie sich also gern mit den LehrerInnen anderer Fachbereiche ab, um beispielsweise auch einmal etwas aus dem Bereich Biologie in Ihren Sprachunterricht mit einfließen zu lassen.
Auf die Wiederholung der einzelnen Rechtschreibregeln wurde ebenfalls bewusst verzichtet, da jede Schule mit eigenem Material arbeitet, das eine konkrete Lehrstruktur vorgibt – in den meisten Fällen handelt es sich dabei um die FRESCH-Methode. Stattdessen finden Sie zu Beginn jedes Kapitels eine einleitende Übung, die sich auf die zu übenden

Buchstabenpaare fokussiert. Sie soll eine Anregung darstellen, wie Sie mit Ihren Schülern vor dem tatsächlichen Diktat nochmals üben und einzelne Begriffe festigen können. Die Aufgabenstellung variiert, um viel Abwechslung zu schaffen. Jede Übung wurde recht ausführlich gestaltet, so dass Sie sich ganz nach Bedarf und Zeitfenster auch nur ein paar Beispiele aussuchen können, die gut zum Wissensstand Ihrer Schüler passen, oder die Übung auf zwei aufeinanderfolgende Deutschstunden aufteilen beziehungsweise einen Teil davon als Hausaufgaben geben können.
Es wird für Sie sicher ein Leichtes sein, aufbauend auf den vorgeschlagenen Übungen noch weitere Beispiele zu ergänzen und eigene Aufgabenblätter zu erstellen, mit denen die Rechtschreibung einprägsam wiederholt werden kann. Sie finden hier in jedem Fall jede Menge Anstöße dazu.
Nun wünschen wir Ihnen viel Freude beim Stöbern und Ihren Grundschulklassen tolle Lernfortschritte durch viele unterhaltsame Übungsdiktate.

WARUM SIND DIKTATE NOTWENDIG UND WAS BRINGEN SIE?

Selbst wenn sich die Unterrichtsmethoden an deutschen Schulen in den letzten Jahrzehnten glücklicherweise extrem gewandelt haben, überdauerte das Diktat zum Leidwesen vieler Schüler diese gesamte Entwicklung. Es stellt nach wie vor ein wichtiges Element im Deutschunterricht dar. Doch warum ist das eigentlich so?

Das Diktat hat nicht unbedingt den besten Ruf, wurde lange Zeit sogar als Strafe oder Druckmittel eingesetzt und manche Schüler erleben es heute noch so. Es sollte klar sein, dass Rechtschreibschwächen nicht einzig durch noch und noch ein weiteres Diktat ausgebügelt werden können. Wer weder weiß, wie man die Wörter richtig schreibt, noch was sie eigentlich bedeuten, hat überhaupt keine Chance, eine gute Leistung zu erbringen. Denn im Vergleich zu anderen Sprachen gibt es im Deutschen viele Laute, die sehr ähnlich klingen. Diesen kann man die Schreibweise nur schwerlich oder teilweise gar nicht anhören. Es ist daher vonnöten, sie auswendig zu lernen, um sie anschließend aus dem Gedächtnis richtig anwenden zu können. Bei anderen Begriffen spielt die Herleitung vom Wortstamm eine große Rolle. Doch sogar für den Zusammenhang von miteinander verwandten Wörtern muss erst ein Bewusstsein bei den Grundschülern geschaffen werden. Bevor ein Diktat überhaupt Sinn macht, ist also jede Menge Vorarbeit nötig. Niemand weiß das so gut wie Sie als LehrerIn.

Ist die Klasse schließlich ausreichend vorbereitet, hilft das Diktat immens, Transferleistungen bei den Schülern auszulösen. Schließlich müssen in kürzester Zeit mehrere Prozesse parallel in ihren Köpfen ablaufen, um ein korrektes Ergebnis zu ermöglichen. Es gilt nicht nur, das aufzuschreiben, was man akustisch verstanden hat, sondern auch blitzschnell diese Fragen zu beantworten:

- Wann hört ein Wort auf und wann beginnt das nächste?
- Wie wird jedes Wort genau geschrieben? Welche Regeln gelten? Kenne ich ähnliche Begriffe, die damit etwas zu tun haben?
- Muss das einzelne Wort großgeschrieben werden? Ist es ein Name, ein Nomen? Steht es am Satzanfang?

- Klingt mein geschriebener Satz wie der soeben vorgelesene? Fehlt ein Wort?

Wenn man sich das einmal vor Augen führt, kann leichter nachvollzogen werden, wie sehr so ein Diktat Ihre Grundschüler anstrengt. Doch es ist eben zugleich effektiv und erfüllt bei Kindern gleich mehrere Zwecke gleichzeitig:

- Es hilft, orthographische Muster zu erkennen.
- Durch das häufige Wiederholen der Satzzeichen prägen sich diese ein, die Benutzung verselbständigt sich zusehends. Kindern fällt zum Beispiel irgendwann auf, dass der Satz komisch aussieht, wenn er nicht mit einem Satzzeichen abgeschlossen wird.
- Die Konzentrationsfähigkeit wird gefördert. Man muss stillsitzen und sämtliche Aufmerksamkeit ins Hören, Schreiben und Lesen legen.
- Die Groß- und Kleinschreibung werden verbessert.

- Mit zunehmender Übung wird die Handschrift flüssiger, das heißt, Kinder schreiben schneller, aber immer noch lesbar.
- Sprachliche Details werden bewusster wahrgenommen, zum Beispiel bei Wortendungen.
- Der Wortschatz wird insgesamt größer und Kinder eignen sich nebenbei Wissen zu verschiedenen Themen an.
- Beim abschließenden Überprüfen des Geschriebenen können die Schüler ihre eigenen Fehler ausbessern, bevor es ein anderer tut.
- Durch die Selbstkorrektur lernen sie ebenfalls, bewusster zu lesen, da
jede Abweichung später Punktabzug bedeutet.
- Die Schüler achten mehr und mehr darauf, ob das Geschriebene Sinn ergibt.
- Das Selbstvertrauen in die eigenen Fähigkeiten kann steigen.

DIE RICHTIGE VORBEREITUNG

Sie haben nun im Unterricht ausführliche Vorbereitungsarbeit geleistet und Merkwörter mit Ihrer Klasse geübt. Im Idealfall tauchen die meisten davon im anschließenden Diktattext wieder auf. Es muss für Sie klar sein, dass die Schüler den Inhalt zu 100 Prozent verstehen können. Haben Sie Zweifel, ob die Bedeutung eines Wortes bekannt ist, besprechen Sie diese in jedem Fall im Vorfeld.

Auch Herleitungen können bei Dritt- und Viertklässlern nicht automatisch vorausgesetzt werden. Ein Beispiel hierzu: Das Kapitel ist „eu“ – „äu“ und im Diktattext taucht das Wort „Läuse“ auf. Mit den bisherigen Beispielen haben Sie aber lediglich „Maus – Mäuse“, „Haus – Häuser“ und „Baum – Bäume“ geübt. Überprüfen Sie also, ob die Klasse selbst von „Laus“ auf „Läuse“ schließen kann.

Auch die bewusste Silbentrennung und Betonung ist eine sehr hilfreiche Vorbereitung für das spätere Hören auf den Vorlesetext.
Darf die Klasse den Text zuvor selbst lesen, hilft das nicht nur Schülern mit ausgeprägtem visuellem Gedächtnis, sondern gibt den Kindern zusätzlich die Möglichkeit, aktiv Rückfragen zu stellen. Vielleicht ist der Text doch komplexer, als Ihnen selbst bewusst war.
Ein guter Einstieg ist ebenfalls, vor dem Vorlesen des Diktats nur das Thema zu nennen und Brainstorming mit den Jungen und Mädchen zu machen. Bestimmt fallen dabei schon viele Begriffe, die dann im Text auftauchen. Sie können diese als Gedankenstütze an die Tafel schreiben.
Was die Auswahl des Textes angeht, so werden Sie in erster Linie auf den Schwierigkeitsgrad achten und, wie gerade erwähnt, abklären, ob die Merkwörter weiterer Erklärungen oder Übungen bedürfen. Der Inhalt sollte altersgerecht sein und die Schüler ansprechen.
Passen Sie den ausgewählten Text, wenn nötig, ganz individuell an den Stand der Klasse an. Kommen Ihnen die Diktatsätze zu lang vor, schreiben Sie diese etwas um. Ersetzen Sie zu anspruchsvolle Begriffe durch leichtere Synonyme oder streichen Sie die wörtliche Rede, bis der Text das ideale Niveau erreicht.

Und betten Sie das Diktat so ein, dass auch eine Nachbearbeitung darauf aufbauen kann, beispielsweise indem die Kinder nochmals alle Wörter einkreisen, auf denen das Augenmerk lag (in unserem Beispiel also Wörter mit „eu“ und „äu“). Anschließend können daraus weitere spielerische Übungen entstehen wie die Sortierung nach Wortlänge, das Erfinden eigener Sätze, die eines der Schlagworte enthalten etc. Wichtig ist, dass das Diktat nie für sich alleinsteht.
Selbstverständlich werden Sie darüber hinaus nochmals auf die Stellen eingehen, die bei Ihrer Korrektur vermehrt als Fehlerquellen aufgefallen sind. Nur so können Sie diese Unklarheiten bei Ihrer Klasse langfristig ausräumen.

AUCH DIKTIEREN WILL GELERNT SEIN

Einen Text gut verständlich vorzulesen, ist eine Sache, ihn zu diktieren, eine ganz andere. Haben Sie noch nicht viel Lehrerfahrung im Fach Deutsch, fällt es Ihnen zu Beginn vielleicht etwas schwer, längere Pausen einzuhalten, die für Ihre Schüler aber erforderlich sind.
Stellen Sie sich vor dem inneren Auge vor, wie Ihre Schüler gleichzeitig schreiben, auch einmal kurz nachdenken oder etwas wegradieren und verbessern müssen. Für all dies sollte beim Vorlesen Zeit bleiben, ohne dass allzu große Abstände zwischen den einzelnen Sätzen entstehen. Denn ansonsten besteht nicht nur die Gefahr, dass die Kinder den inhaltlichen Zusammenhang verlieren, sondern auch, dass sie sich beim leisesten Anflug von Langeweile ablenken lassen und nicht mehr konzentriert bei der Sache sind.
Üben Sie das Diktieren für sich zu Hause und behalten Sie dabei im Hinterkopf, was die Schüler bei Ihrer Lesegeschwindigkeit alles schaffen müssen. Achten Sie auf

die bewusste Betonung und machen Sie es einfach, Silben zu erkennen. Wiederholen Sie die Satzteile und kompletten Sätze oft genug, aber nicht zu häufig.
Achten Sie ebenso auf das richtige Setting im Klassenzimmer. Macht die Parallelklasse gerade vor dem Fenster Turnübungen im Freien, werden sich Ihre Schüler nur mit Mühe konzentrieren können. Vermeiden Sie Ablenkung, wo immer es geht. Achten Sie darauf, dass jeder bereit zum Schreiben ist und weder stumpfe Bleistifte noch tropfende Schnupfnasen das Diktat unterbrechen können.
Lesen Sie den Text zunächst in normalem Tempo komplett vor. Damit ist schon einmal die Geschichte bekannt, gegebenenfalls die Pointe gefallen und die Schüler wissen in etwa, auf welche Länge sie sich einstellen müssen. Anschließend wird langsam jeder Satz mit entsprechenden Wiederholungen diktiert. Zum Abschluss lesen Sie den Text nochmals vollständig mit langsamer Sprechgeschwindigkeit vor, damit die Schüler sich selbst korrigieren können.
Und noch ein kleiner Tipp: Sobald Sie die Leistung Ihrer Klasse etwas einschätzen können, picken Sie sich zwei Kandidaten heraus, auf die Sie beim Diktieren besonders achten. Nehmen Sie einen Schüler, der sich tendenziell mit der Rechtschreibung sehr leichttut, sowie einen weiteren, der für gewöhnlich lange grübeln muss

oder schlichtweg mit dem eigenen Schreibtempo kämpft. Schauen Sie beim Diktieren immer wieder auf diese beiden, so bekommen Sie ein gutes Feedback, ob Ihre Aussprache und Vorlesegeschwindigkeit passen. So können Sie, falls nötig, Anpassungen vornehmen.

101 DIKTATE UND ÜBUNGEN

1. Diktate a, aa und ah

Übung:

Wie werden diese Wörter richtig geschrieben? Fehlt „a“, „aa“ oder „ah“?

die Z___l	die W___l
die N___se	das P___r
der W___lfisch	der H___n
das T___l	die D___me
der Sch___l	der Str___l

die N___rung	die V___se

die N___rung	die V___se
die S___lbe	das M___ßband
die W___ge	die Qu___l
die F___rt	die Rennb___n
das H___r	der St___b
der Dr___t	

Ein Ausflug zu den Lamas (92 Wörter)

Für viele Grundschüler wird heute ein Traum wahr. Sie fahren zu einem Gehege mit Lamas. Zuerst nehmen sie die Bahn. Vom Bahnhof fahren sie dann mit dem Bus weiter. Manuel und Leon sind ganz aufgeregt. Ob man die zahmen Tiere auch mal streicheln darf? Am Ziel werden alle in Gruppen eingeteilt. Jeder darf einen Spaziergang mit einigen Lamas machen. Die Tiere haben weiches Fell und flauschiges Haar zwischen den Ohren. Sie schnuppern neugierig und die Jungen ahmen die Tiere nach. Auf der Heimfahrt strahlen die beiden Freunde. Das war ein toller Tag!

Hochzeit im Rittersaal (86 Wörter)

Lisa trägt ihr schönstes Kleid und Blumen im Haar. Ihre Tante heiratet heute auf einer alten Burg. Dazu kamen alle Gäste von weit her angereist. Manche mit dem Wagen, andere mit der Bahn. Das Mittagsmahl findet im riesigen Rittersaal statt. Es sind so viele Leute da, dass Lisa die Zahl gar nicht erahnen kann. Das Essen schmeckt lecker und jeder füllt sich den Magen. Im Garten lassen sie Ballons für das Brautpaar aufsteigen. Manche haben auch Seifenblasen dabei. Wahnsinn, wie schön die in der Sonne strahlen!

Badespaß im Kanal (75 Wörter)

Es ist ein heißer Tag im Sommer. Die Nachbarskinder fahren mit dem Rad zum Kanal. Sie wollen baden gehen und sich erfrischen. Wie kalt das Wasser wohl sein wird? Keine Ahnung, sie müssen es einfach wagen. An einer kahlen Stelle am Ufer gibt es eine kleine Leiter. Die Stangen sind rutschig. Man muss sich vorsichtig barfuß vortasten. Letztes Jahr hat ein Junge Panik bekommen und sich einen Zahn ausgeschlagen. Das darf nicht noch einmal passieren.

Auf dem Fischmarkt (84 Wörter)

Am frühen Morgen herrscht großes Getümmel am Hafen. Ein Kahn liegt neben dem nächsten im Wasser. Es ist Markttag. Die Fischer bieten ihren Fang an. Sie haben heute Aale und Karpfen im Angebot. Ein Mann mit kahlem Kopf schiebt einen großen Wagen. „Aus der Bahn!“, ruft er und die Leute machen Platz. Ein anderer legt drei Tintenfische auf die Waage. Er preist seine Ware an. Auch Daniel und sein Vater treffen ihre Wahl. Sie nehmen Seelachs. Dazu kocht Mutter Kartoffeln. Das wird ein Festmahl.

Eine Nacht auf dem Heuboden (87 Wörter)

Lara besucht ihre Großeltern. Sie wohnen auf einem alten Bauernhof. Die Fahrt mit der Eisenbahn vergeht wie im Flug. Um ein Haar hätte Lara den Ausstieg verschlafen. Alle freuen sich über das Wiedersehen. Es gibt Apfelkuchen mit Sahne und leckeren Kakao. Dann geht es ab in den Stall. Lara soll die zahmen Kühe nach draußen treiben. „Nicht so lahm!“, ruft sie lachend. Nachts schläft sie auf dem Heuboden. Am Morgen weckt der Hahn sie ganz zeitig. Ihr Magen knurrt. Sie freut sich auf ein Brot mit Marmelade.

2. Diktate aa, ee und oo

Übung:

Wie lauten die richtigen Antworten?

- Was hat manchmal vier Blätter?

  ____ *(Klee)*

- Wie heißt ein großer Raum?

  ____ *(Saal)*

- Worauf schwimmen Enten?

  ____ *(See)*

- Was schmeckt nach Pfefferminze oder Kamille?

  ____ *(Tee)*

- Womit kann man auf dem Wasser paddeln?

  ____ *(Boot)*

- Was hat Wellen und schmeckt nach Salz?

  ____ *(Meer)*

× Wo kann man Elefanten und Zebras sehen?

____ *(Zoo)*

× Was fällt im Winter vom Himmel?

____ *(Schnee)*

× Welcher Fisch sieht aus wie eine Schlange?

____ *(Aal)*

× Wie heißen leckere rote Früchte?

____ *(Erdbeeren)*

× Was ist grün und wächst auf Steinen?

____ *(Moos)*

× Welches heiße Getränk schmeckt nur Erwachsenen?

____ *(Kaffee)*

× Wo wachsen Blumen und Gemüse?

____ *(Beet)*

Die gute Fee (74 Wörter)

In einem tiefen Tal lebt eine bezaubernde Fee. Sie bewohnt eine Hütte aus Holz. Diese ist über und über mit Moos bewachsen. Dahinter beginnt das geheimnisvolle Moor. Es gibt viele Märchen und Sagen darüber. Aber niemand kennt die Wahrheit. Wenn im Winter der Schnee fällt, verwandelt sich alles in eine weiße Zauberwelt. Die Fee hat goldenes Haar und zarte Flügel. Aber nicht nur das. Sie hat auch eine reine Seele und tut nur Gutes.

Am Bodensee (86 Wörter)

Familie Probst fährt an den Bodensee. Die Tochter möchte nicht ins Wasser. Vielleicht schwimmen Aale darin. Sie meint, ein Pool wäre cooler als der doofe See. Der Sohn spielt lieber mit seinen Ritterfiguren. Er hat ein ganzes Heer mitgebracht, das sich mit Speeren bekämpft. Frau Probst möchte in Ruhe einen Kaffee trinken. Sie hat auch keine Lust aufs Wasser. Herr Probst will nicht allein baden gehen. Er hat eine Idee und ruft: „Wenn ihr mitkommt, mieten wir morgen ein Tretboot!" Am Abend essen alle vergnügt Kartoffelpüree.

Ein tolles Paar (81 Wörter)

Karin und Jan sind ein tolles Paar. Als Haustier haben sie ein Meerschweinchen mit zotteligen Haaren. Im Winter gehen sie gern im Schnee spazieren und trinken heißen Tee. Im

Sommer besuchen sie manchmal den Zoo. Am liebsten arbeiten sie jedoch zusammen im Garten. Sie haben ein Gemüsebeet angelegt

und die Saat für Erdbeeren eingepflanzt. Dazwischen wachsen Gänseblümchen, Klee und weiches Moos. Aus den Beeren will Karin im Sommer Gelee kochen und in leere Gläser füllen. Die verkauft sie dann im Gemeindesaal.

3. Diktate ai und ei

Übung:

Setze „ai“ oder „ei“ richtig in die Lücken ein!

der N___d	der M___s
der Pr___s	die Kr___de
der Papag___	der Bew___s
die R___se	der M___
der H___	das L___d
der W___n	der Sch___n
die K___serin	der W___zen
der F___gling	der Br___
die Fr___heit	der Fischl___ch

Geburtstag mit Zitroneneis (92 Wörter)

Leonie hat im Mai Geburtstag. Sie wird sieben Jahre alt. Auf das Fest mit anderen Kindern freut sie sich riesig. Sie werden jede Menge Eis essen. Am liebsten mag Leonie Zitroneneis. Das schmeckt so fein erfrischend. Ihre Mutter hat schon fleißig eingekauft: Zitroneneis, Erdbeereis und Himbeereis. Davon bleibt bestimmt kein Löffel übrig. Später wollen sie im Freien mit dem Springseil spielen. Nach dem Abendessen werden alle einen Film über Tiere anschauen. Es geht um Haie. Die meisten Kinder haben Angst vor Haien, doch nicht alle sind gefährlich. Manche fressen nicht einmal Fleisch.

Der Ameisenhaufen (75 Wörter)

Bauer Schneider hat einen großen Schweinestall. Weinreben wachsen an der Wand entlang. Auf der anderen Seite beginnt die Weide für seine Kühe. Weiter entfernt wächst der Mais auf dem Feld. Unter den Zweigen einer Pflanze steht ein hoher Ameisenhaufen. Es wimmelt und wuselt. Bauer Schneider hasst die kleinen Tiere. Seine Frau kommt aus Thailand. Bei ihr zu Hause werden Insekten gekocht und gegessen. Sogar dicke Maikäfer. Da isst ihr Mann doch lieber Fleisch mit Reis.

Der Rosengarten des Kaisers (88 Wörter)

Der Kaiser hat einen wunderschönen Rosengarten. Es gibt dort viele Blumen mit feinem Duft. Am schönsten blühen sie im Mai. Daneben liegt ein kleiner Teich. Darin schwimmen einige bunte Fische. Vor wenigen Tagen haben sie ihren Laich am Ufer abgelegt. Bald wird man winzige weiße Fische sehen. Heute gibt der Kaiser in seinem Garten ein Fest für Waisenkinder. Die Jungen und Mädchen haben altes Weizenbrot mitgebracht. Sie brechen kleine Krümel ab. Damit werden die Fische im Teich gefüttert. Später singen alle gemeinsam Mailieder und tanzen auf der Wiese.

Geige oder Gitarre? (81 Wörter)

Kai leiht sich ein Buch in der Bücherei aus. Es beschreibt verschiedene Instrumente. Er interessiert sich am meisten für die Geige. Gern würde Kai darauf spielen können. Doch die Saiten sind hauchfein. Man muss viel trainieren und darf nicht verzweifeln. Die Gitarre ist für den Anfang besser geeignet. Auf Seite zehn findet er einfache Noten. In der Zeile darunter steht der Text. Beim Lesen denkt Kai: „Das wird eine ganze Weile dauern.“ Aber zu Weihnachten wird er sich eine Gitarre wünschen.

Eierkuchen am Freitag (87 Wörter)

Es ist Freitag. Maik und seine Schwester Lisa sind allein zu Hause. Sie haben Hunger und wollen sich eine Mahlzeit zubereiten. In der Küche finden sie einen Laib Brot, Nudeln und Reis. Lisa hat einen Einfall: „Wir können Eierkuchen machen.“ Eine gute Idee. Maik bestreicht seinen mit süßem Honig. Lisa legt sich lieber zwei Scheiben Käse darauf. „Das ist unfair. Deiner ist viel größer!“, beschwert sich ihr Bruder. „Tut mir leid!“, lacht Lisa mit vollem Mund. Meistens hat Maik den volleren Teller. Doch heute werden beide satt.

4. Diktate b und p

Übung:

Fehlt den Wörtern ein „b“ oder „p“?

Das Sie___ tro___ft.

Die Stange ist aus ___lei.

Das Wasser ist trü___.

Der Ty___ ist gro___.

Das Gra___ ist tief.

Das Pa___ier ist ver___rannt.

Der Sta___el ist hoch.

Die ___lume ist gel___.

Die Lam___e ___rennt hell.

Der Die___ hat eine ___istole.

Das Kal___ trinkt Milch.

Der Dieb auf dem Baum (87 Wörter)

Niemand mochte den alten Kalle. Er war ein böser Mensch mit einem langen Bart und einer braunen Brille. Zu Kindern konnte er sogar richtig gemein sein. Aber Kalle war obendrein ein Dieb. Er klaute den Nachbarn Gemüse aus ihren Gärten. Oder gar saftige Beeren und anderes Obst. Eines Tages lockten ihn die prallen Äpfel von Familie Baumann. Er stieg heimlich den breiten Stamm hinauf und wollte sich ein paar Früchte pflücken. Da brach der zarte Ast unter seinem Gewicht. Und der Dieb stürzte mitten ins struppige Gebüsch.

Wir basteln zur Osterzeit (80 Wörter)

Zum Osterfest wollen wir unseren Liebsten eine Freude machen. Das geht prima mit einem selbst gemalten Bild. Oder wir basteln etwas aus Pappe. Zum Beispiel einen bunten Obstbaum. Erst zeichnen wir mit brauner Farbe einen prächtigen Baumstamm. Dann brauchen wir grünes Papier. Es kann hell oder dunkel sein. Daraus schneiden wir grobe Schnipsel aus und kleben sie als Blätter auf. Unter den Baum malen wir einen Korb mit Äpfeln und Pfirsichen. Mit gelben Stiften kann man auch noch Bienen hinzufügen.

Paul der Papagei (73 Wörter)

Unser Opa hat einen putzigen Papagei. Er heißt Paul und lebt in einem bunten Puppenhaus. Dort sitzt er auf dem Dachbalken und stopft sich voll. Paul frisst einfach alles: Pilze, Bananen und Bratwurst. Er liebt auch Erbsen und Himbeeren. Er ist richtig pummelig. Nach dem Fressen putzt er seine blauen Federn. Dann kratzt er sich mit dem Schnabel am Bauch und brummt zufrieden. Selbst Opas Mops kann nicht so viel in sich hineinstopfen.

Das Postamt brennt (74 Wörter)

Benjamin und Pia wollen zum Fußballplatz. Doch an der Ampel ist die Straße gesperrt. Die Leute rennen panisch umher. Was passiert denn hier? Der Briefträger mit dem Paket unterm Arm glaubt seinen Augen nicht. Das Postamt brennt! Schon hört man die Polizei und auch die Feuerwehr eilt herbei. Eine Frau muss vom Balkon in ein Tuch springen. Schnell packen die Männer die Pumpe aus. Der Brand ist bald gelöscht und alle beruhigen sich wieder.

Der tollpatschige Bäcker (77 Wörter)

Um die Ecke gibt es eine kleine Backstube. Dort arbeitet Peter und macht die beste Birnentorte. Auch für seine Pizza ist er bekannt. Bei Peter gibt es einfach alles: Pflaumenkuchen, Butterkekse und verschiedene Brötchen. In der Pause setzt er sich auf die Bank und isst ein belegtes Brot. Doch er hat die Plätzchen im Ofen vergessen. Plötzlich riecht es ganz verbrannt. Schnell springt er auf. Doch er kommt zu spät. Die Plätzchen sind hart und braun geworden.

5. Diktate ck und k

Übung:

Wie müssen die vollständigen Sätze heißen?
Beispiel: tanken: Mein Vater tankt das Auto.

zwicken: Die Ameisen ___ mich.

erkranken: Wir ___ an Windpocken.

flicken: Die Jungs ___ ihre kaputten Socken.

hacken: Der Specht ___ gegen den Baum.

lenken: Ich ___ das Fahrrad.

prickeln: Die Zitrone ___ auf der Zunge.

zanken: Wir Geschwister ___ uns.

verstecken: Ich ___ mich hinter einem Baum.

trinken: Du ___ ein Glas Saft.

wickeln: Die Großmutter ___ das Baby.

locken: Ihr ___ die Tauben mit Brot.

hinken: Der verletzte Kater ___.

pauken: Du ___ für die Schule.

ticken: Die Uhren ___ laut.

Im Schwimmbecken (73 Wörter)

Die Klasse hat Sportunterricht und übt Rückenschwimmen. „Davon tut mir der Nacken weh“, meckert Anke. „So eine Zicke,“ denkt Jakob, „sie muss zugucken, wie man es richtig macht.“ Markus springt vom Dreimeterturm ins tiefe Becken. Aufmerksam blickt die Klasse hin. Was für ein Schock, er taucht nicht auf! Plötzlich entdecken sie ihn vergnügt am Beckenrand. Er hatte sich nur verschluckt. „So ein Missgeschick ist gefährlich“, tadelt der Lehrer, „du kannst ersticken oder ertrinken.“

Jede Menge Gepäck (86 Wörter)

Familie Becker packt das Auto. Es geht zum Urlaub in die Berge. „Denkt an eure praktischen Regenjacken!“, ermahnt Mutter Silke. Die kommen ganz oben in den Rucksack. Vater Patrick muss fest drücken, bis das Gepäck perfekt in den Kofferraum passt. Zum Glück fahren sie im Sommer. Für dicke Klamotten wäre im Augenblick kein Platz mehr. Oma kommt um die Ecke. Sie trägt ein Paket. „Damit ihr unterwegs ein Picknick machen könnt", strahlt sie. Die Beckers sind entzückt. Sie werden sich den Käse und Speck schmecken lassen.

Der Kaktus (85 Wörter)

Ulrike macht sauber. Sie stößt mit dem Besen an den Schrank. Da fällt mit einem Ruck der Kaktus herunter. Er verfängt sich in ihrem Rock. Autsch, wie das piekt! Ulrike hat oft so verflixtes Pech: Erst bekam sie Windpocken, dann hat eine Zecke sie gebissen. Sie braucht eine Pause und setzt sich auf den Balkon. Dort verdrückt sie mit dicken Backen genüsslich ein Stück Torte. Sie kleckert sich auf die Bluse. „Was soll´s?", denkt Ulrike. Sie singt ein Lied und wippt im Takt zur Musik.

Ein hektischer Morgen (88 Wörter)

Ricky ist Dachdecker und ackert auf einer Baustelle. Heute ist er spät dran. Sein Wecker ist kaputt, das schreckliche alte Ding. Jemand sollte ihm einen neuen schenken. Er packt schnell sein Pausenbrot. Dann muss er noch mit dem Dackel um den Block gehen. Auf dem Parkplatz springt Ricky ins Auto und lenkt den Wagen zur Tankstelle. Oh Schreck! Vor lauter Hektik vergisst er, den Tankdeckel festzuschrauben. Er hat Glück und merkt es gleich. So kommt er auf die Sekunde pünktlich zur Arbeit. Er macht sich sofort ans Werk.

Leckere Kekse (87 Wörter)

Als Mutter mich zeitig weckte, schlug ich Decke und Bettlaken zurück und stand auf. Dann streckte ich mich. Ich zog mir flink Socken, einen dicken Pullover und eine alte Hose an. Sie hatte Flecken, aber sie würde gleich sowieso dreckig werden. Ich wollte knusprige Kekse für die Klassenfahrt backen. In der Küche blickte ich mich um und entdeckte die Zutaten: Eier, Zucker, Mehl, Haferflocken und ein Päckchen Backpulver. Es fehlte nur noch ein Klecks Sahne. Die Kekse würden so lecker werden, dass sich alle die Finger abschlecken.

6. Diktate dass und das

Übung:

Stimmt „das“ oder „dass“? Welches Wort wird eingesetzt?

___ Essen schmeckt lecker.

Schön, ___ du mich besuchst.

Ich weiß, ___ ich heute ___ Geschenk bekomme.

___ weiße Auto ist größer als ___ grüne.

___ Buch ist so spannend, ___ ist nicht aufhören kann.

Ich hoffe, ___ ___ Wetter heute gut wird.

___ verrate ich nicht, ___ ist ein Geheimnis.

Wir finden ___ Buch langweilig.

___ freut mich, ___ du wieder gesund bist.

Nicht, ___ du dich wunderst!

Merle und die Mütze (86 Wörter)

Das ist schon das zweite Mal, dass Merle ihre Mütze irgendwo verloren hat. Das Problem ist, dass sie dann auf dem Heimweg kalte Ohren bekommt. Ihre Eltern schimpfen, dass Merle das immer wieder passiert. Sie erinnern ihre Tochter, dass sie besser auf ihre Sachen achten soll. Die neue Mütze muss so bunt sein, dass Merle sie nicht mehr übersehen kann. Das soll das Problem lösen. Die Eltern kaufen eine mit gelben und blauen Streifen. Das sind knallige Farben. Merle verspricht, dass es ab jetzt besser klappt.

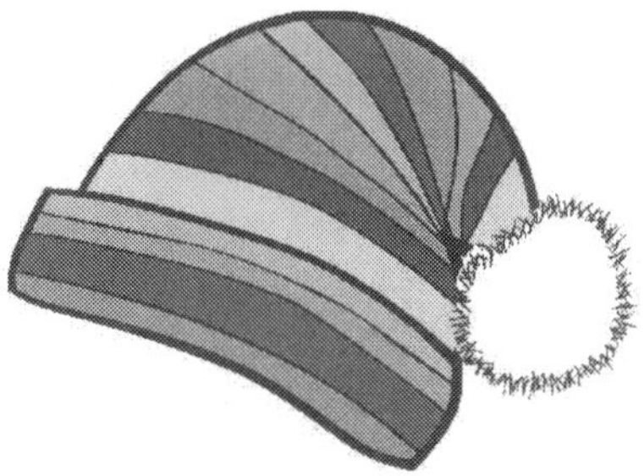

Timo liebt Bücher (83 Wörter)

Nach dem Mittagessen liest Timo gern ein spannendes Buch, das er aus seinem Schrank holt. Weil ihm das Lesen so viel Freude macht, kauft er Bücher von seinem Taschengeld. Dazu geht er in den neuen Buchladen. Der hat viele bunte Kinderbücher mit Bildern und Geschichten. Seine Eltern sagen, dass Lesen schlau macht. Und das stimmt auch. Er hat schon so viele Bücher über Delfine gelesen, dass er jetzt alles weiß. Morgen will er das nächste Buch kaufen, das er sich schon ausgesucht hat.

Unser neues Haus (87 Wörter)

Meine Familie und ich werden umziehen. Das neue Haus steht in einem Dorf. Ich freue mich, dass ich ein großes Zimmer bekomme. Das wird ein toller Spaß! Ich kann das alles noch gar nicht fassen. Aber es steht fest, dass meine Eltern es schon gekauft haben. Mein Vater meint, dass wir so viel Platz gar nicht brauchen. Aber das ist meiner Mutter egal. Sie findet das Leben in der Stadt zu teuer. Das soll auf dem Land besser werden. „Das wird schon!“, redet sie Vater gut zu.

Keine Zeit für Schulaufgaben (81 Wörter)

Ich habe fest vor, dass ich heute zum Schwimmbad gehe. Meine Freunde treffen sich dort. Das wird bestimmt lustig. Aber ich muss auch das Arbeitsblatt machen, das wir als Schulaufgabe bekommen haben. Es ist für Sachkunde, das mag ich überhaupt nicht. Soll ich morgen einfach sagen, dass ich keine Zeit hatte? Ich habe Angst, das bringt mir Ärger ein. Und das will ich vermeiden. Sonst bekommen das meine Eltern mit. Lieber beeile ich mich mit den Schulaufgaben. Das Schwimmbad muss warten.

7. Diktate d, dt und t (Auslautverhärtung)

Übung:

Schau dir die unterstrichenen Wörter an. Welche kannst du davon für die Lücken ableiten?

Mein Opa hat einen Vollbart.
Nicht alle Männer tragen ___.

Moni übt ein Lied auf der Flöte.
Andere ___ kann sie schon spielen.

Tim darf viele Kinder einladen.
Ob er mich wohl auch ___?

Mein Onkel ist mein Verwandter.
Ich bin mit ihm ___.

An der Straße steht ein Schild.
Die ___ helfen im Verkehr.

Im Januar ist es kalt.
Ich mag die ___ nicht.

Unsere Welt ist schön.
Forscher erkunden fremde ___.

Wir haben zu Hause nur ein Bad.
Zwei ___ wären praktischer.

Wir haben einen Schatz entdeckt.
Das war eine tolle ___.

Unsere Stadt ist sehr klein.
Andere ___ haben mehr Bewohner.

Gold ist besonders wertvoll.
Es hat einen hohen ___.

Wir putzen gründlich.
Die Krankheit hat viele ___.

Das hungrige Pferd (90 Wörter)

Herr Schuster lebt in einem Dorf. Er hat einen lustigen Hund und ein Pferd. Es heißt Ronny und ist sehr lieb. Ronny mag am liebsten Salat. Es frisst Herrn Schuster sogar aus der Hand. Auch trockenes Brot schmeckt ihm sehr gut. Davon steht eine ganze Kiste voll im Stall. Manchmal gibt ihm eines der Nachbarskinder ein Stück. Ronny schnappt mit seinem Maul danach und ist einfach nicht satt zu bekommen. In der Nacht rollt er sich gemütlich auf etwas Stroh zusammen. Dann träumt er von runden Salatköpfen mit saftigen Blättern.

Das falsche Wildschwein (79 Wörter)

Leonhard und Linus planen einen Ausflug in den Wald. „Das haben wir noch nie gemacht", freut sich Linus aufgeregt. Was es dort wohl alles zu sehen gibt? Sie fahren mit dem Rad. Die Luft ist mild und die Landschaft zieht vorüber. Sie beobachten zwei Rehe am Waldrand. Auch ein Hase hüpft übers Feld. Ob sie auch noch andere Tiere entdecken? Leonhard schiebt einen Zweig zur Seite. Steht da vielleicht ein Wildschwein? Nein, es ist nur ein alter breiter Baumstamm.

Der Umzug (90 Wörter)

Morgen will Luise in die Stadt ziehen. Ihre Freundin Marie verspricht, ihr mit dem Transport zu helfen. Sie steht früh auf. Im Bad putzt sie die Zähne, wäscht sich Mund und Gesicht und kämmt ihr Haar. Dann zieht sie sich an und rennt zu Luise, sie ist spät dran. Zu zweit tragen sie eine Kommode hinunter zum Wagen. Dann ein wertvolles Bild. Das wird später über dem Herd an die Wand gehängt. Luise hebt vorsichtig einen Karton an. Doch plötzlich bricht der Boden. Sämtliche Teller brechen entzwei und gehen kaputt.

Unser Abendbrot (95 Wörter)

Mein Bruder und ich kommen um vier Uhr nach Hause. Weil wir morgen einen Test schreiben, übt jeder noch für den Unterricht. Bald darauf trifft auch unsere Mutter ein. Heute trägt sie ein buntes Kleid. Sie macht Abendbrot für alle. Dafür gibt sie Fett in eine Pfanne und brät Eier darin. Diese lädt sie uns dann auf den Teller. Es dauert nicht lange, da steht Vater vom Tisch auf. Er arbeitet als Arzt im Krankenhaus und hat heute Nachtschicht. Mutter überlegt, welche Torte sie für Sonntag vorbereiten soll. Dann kommt die ganze Verwandtschaft zum Sommerfest.

8. Diktate e und ä

Übung:

Welche Namenwörter gehören zu den Tunwörtern?

rätseln:	das ___	*(Rätsel)*
wetten:	die ___	*(Wette)*
aufregen:	die ___	*(Aufregung)*
sägen:	die ___	*(Säge)*
decken:	der ___	*(Deckel)*
ändern:	die ___	*(Änderung)*
regnen:	der ___	*(Regen)*
erkälten:	die ___	*(Erkältung)*
enden:	das ___	*(Ende)*
erklären:	die ___	*(Erklärung)*

ärgern: der ___ *(Ärger)*

reden: die ___ *(Rede)*

Im Oktober (78 Wörter)

Wenn der Oktober anfängt, wird das Wetter immer kälter. Kräftiger Wind kommt auf und bläst die Blätter von den Bäumen. Sie sind schon bunt gefärbt: rot, gelb und braun. Von der Wärme des Sommers ist nichts mehr übrig. Dunkle Regenwolken hängen über der Stadt. Manchmal gibt es sogar Sturm. Den meisten Menschen gefällt dieses trübe Wetter nicht. Sie ziehen Regenjacken an oder verstecken sich in ihren Häusern. Manche bekommen sogar eine Erkältung. Wenn doch bald wieder Frühling wäre!

Mit dem Fahrrad nach Dänemark (85 Wörter)

Meine Familie macht jährlich Ferien in Dänemark. Weil wir alle sportlich sind, radeln wir mit den Fahrrädern hin. Es herrscht viel Lärm auf den Straßen und man muss gut auf den Verkehr achten. Alle tragen einen Helm und eine gelbe Weste. Damit kann man uns schon aus

der Ferne erkennen. In Dänemark wohnen wir auf dem Campingplatz. Wir verbringen die Nächte in einem geräumigen Zelt. Auch am Tag kann man ein schönes Schläfchen darin halten. Meine Schwester schwärmt: „Dänemark ist von allen Ländern das schönste!“

Rund um den Marktplatz (72 Wörter)

Kevin liebt es, mit seiner Mutter zum Markt zu gehen. Während sie nach Äpfeln, Pflaumen und Sellerie sucht, kann er durch die Geschäfte schlendern. Da ist der Bäcker, bei dem es immer so lecker duftet. Nach frischen Brötchen und Plätzchen. Am Kiosk kauft er immer ein Päckchen Brause und blättert in den Magazinen. So ähnliche hat Kevin auch zu Hause. Es gibt spannende Rätsel, aber die Lösung steht erst im nächsten Heft.

In der Schreinerei (75 Wörter)

Mein Onkel Peter ist Handwerker und hat eine Schreinerei. Sie ist schon etwas älter, aber alle Geräte funktionieren noch bestens. Er sägt, nagelt, bohrt und hämmert. So werden täglich neue Möbel gebaut: Tische, Bänke, Stühle und Schränke. Nur im Winter stört ihn die Kälte im Raum. Er hat nämlich keine Heizung und erkältet sich schnell. Auf dem Gelände gibt es noch andere Werkstätten. Und einen kleinen Kuhstall. Im März sind dort Kälber zur Welt gekommen.

Auf der Fähre (90 Wörter)

Lara ist schon seit drei Nächten aufgeregt. Sie darf mit der Fähre übers Meer fahren. Heute geht es endlich los. Als der Wecker klingelt, ist Lara schon längst wach und bereit zur Abreise. Im Hafen liegt das mächtige Schiff vor Anker. Es hat bestimmt zehn Stockwerke, Lara kann sie gar nicht zählen. Bei Schiffen nennt man die Stockwerke „Decks“. Sie steigt ein und schon bald machen die Seemänner die Leinen los. Sie erledigen die Arbeit täglich und haben kräftige Muskeln. Lara sieht, wie Schwäne dem Schiff in den Wellen folgen.

9. Diktate eu und äu

Übung:

Weißt du, wie die richtige Einzahl lautet?

viele Häuser	ein ___
viele Kreuze	ein ___
viele Bäuche	ein ___
viele Gebäude	ein ___
viele Zeugnisse	ein ___
viele Mäuse	eine ___
viele Beulen	eine ___
viele Träume	ein ___
viele Bäume	ein ___
viele Freunde	ein ___
viele Käufer	ein ___
viele Ungeheuer	ein ___

Auf Mäusejagd (82 Wörter)

Unser getigerter Kater heißt Herr Schröder. Er ist ein kleiner Räuber und streunt gern um die Häuser. Manchmal jagt er den Leuten einen Schrecken ein, weil er seltsame Geräusche macht. Er hatte auch schon einmal Läuse im Fell. Häufig klettert er auf Bäume oder versteckt sich unter den Sträuchern. Nachts jagt er Mäuse und legt seine Beute vor unsere Tür. Aber neulich ist ihm eine entwischt. Dabei hatten seine scharfen Äuglein so gut aufgepasst. Mal sehen, ob er heute erneut Glück hat.

In der Schleuse (95 Wörter)

Der Kapitän ist enttäuscht von seinen Matrosen. Sie haben es versäumt, das Werkzeug richtig aufzuräumen. Und die Seile wurden auch nicht säuberlich aufgerollt. „Wir kommen noch in Teufels Küche!“, schimpft er und erläutert nochmals deutlich die Regeln an Bord. Dann zeichnet er ein Kreuz auf die Karte und stellt sich ans Steuerrad. Sie fahren heute durch eine Schleuse. Neugierig sehen einige Leute vom Ufer aus zu, wie das Wasser im Becken langsam abläuft. Dann winken sie dem Schiff nach. „Davon habe ich schon immer geträumt“, denkt der Kapitän und schnäuzt sich gerührt in sein Taschentuch.

Samuels neuer Freund (80 Wörter)

Beim Abendessen erzählt Samuel mit leuchtenden Augen: „Wir haben einen Neuen in der Klasse. Er kommt aus Neuseeland. Das liegt ganz weit von Europa entfernt. Er will noch mehr Deutsch lernen, damit er schnell Freunde finden kann. In der Schule läuft er oft in die falsche Richtung. Er kennt sich im Gebäude nicht aus. Aber ich helfe ihm, damit er die Klassenräume nicht verwechselt. Wenn es zur Pause läutet, freue ich mich immer. Dann bringt er mir häufig Englisch bei."

Feuer im Dorf (95 Wörter)

In einem feuchten Gemäuer lebt eine Räuberbande aus neun Schurken. „Lasst uns nachts ins Dorf ziehen, trockenes Heu anzünden und Feuer legen", schlägt ihr einäugiger Anführer Eugen vor. Sie streifen durch den Wald, der mit Kräutern bewachsen ist. Scheue Eulen sitzen auf den Ästen. In der Ferne heult ein Wolf. Schon ist Eugen mit dem Feuerzeug in der Scheune. „Jetzt wird alles eingeräuchert!", freut er sich. Doch plötzlich treffen ihn zwei Fäuste. Die Geräusche haben die Leute im Dorf geweckt. Sie machen sich mit Keulen über die Meute her und löschen den Brand mit Wasserschläuchen.

Der gestohlene Kerzenleuchter (75 Wörter)

Vor neun Tagen fasste die Polizei einen verdächtigen Mann im Warenhaus. Während die Verkäuferin Teller und Gläser ins Regal räumte, beäugte er verschiedene Gegenstände. Zuerst die Silberlöffel, dann einen teuren Kerzenleuchter. Äußerst geschickt versteckte er diesen blitzschnell in seinem Stoffbeutel. Als er aus dem Gebäude trat, ging ein ohrenbetäubender Alarm los. Ungläubig sahen die Polizisten den Mann an. Sein Gesicht war ihnen nicht neu. Er hatte den gleichen Trick in anderen Kaufhäusern schon häufiger probiert.

10. Diktate f und v

Übung:

Kannst du den Buchstabensalat lösen? Der erste Buchstabe steht schon an der richtigen Stelle.

Dikevtet *(Detektiv)*	Fliengig *(Feigling)*
sfarch *(scharf)*	Vangorh *(Vorhang)*
Fiehtrei *(Freiheit)*	Fielami *(Familie)*
Plovelur *(Pullover)*	Vipmar *(Vampir)*
fichlöhr *(fröhlich)*	Antdev *(Advent)*
Vrseckte *(Versteck)*	Frehnerse *(Fernseher)*
vechtielli *(vielleicht)*	Plevru *(Pulver)*
Kievral *(Klavier)*	Vlali *(Villa)*

Der Fahrradunfall (89 Wörter)

Endlich Ferien! Viola und Lukas freuen sich und wollen mit den Fahrrädern zum Fluss fahren. Mal sehen, ob man vielleicht schon darin schwimmen kann. Vor vier Wochen war das Wasser noch viel zu kalt. Kurz bevor sie ihr Ziel erreichen, verliert Lukas in der Kurve die Kontrolle über sein Rad. Er fällt ins Gebüsch am Wegesrand. Viola macht eine Vollbremsung. Sie will sofort wissen, ob Lukas verletzt ist. Voller Erleichterung stellt sie fest, dass er nur mit Dreck verschmiert ist. Er fiel zum Glück weich auf Farne und Veilchen.

Der farbenfrohe Vogel (91 Wörter)

Ein seltener Vogel fliegt über den Strand. Er sieht aus wie ein Fabelwesen mit fröhlich bunten Federn. Sie schimmern grün, violett und blau und sehen fantastisch aus. Verblüffend ist, wie sich die Farben seines Gefieders im Sonnenlicht verändern. An den Flügeln sind ihm schon einige Federn ausgefallen. Er versteht es, auf Beutefang zu gehen. Vor allem am frühen Vormittag. Dann findet er immer eine Vielzahl von Fischen im Meer. Vermutlich fliegt er mit dem Fang in ein Versteck. Manchmal verspeist er auch Larven. Wir sollten ihn einmal mit dem Fernglas verfolgen.

Das freche Frettchen (79 Wörter)

Nur wenige Leute haben ein Frettchen als Haustier. Meines heißt Fritzi, ist flink und frech. Fritzi frisst viel Futter und wird sehr verwöhnt. Wir geben ihm Fisch oder auch mal eine Frikadelle. Er ist verspielt, flitzt durchs Haus und versteckt sich hinter den Vorhängen. Vorhin hat er eine Vase umgeworfen und sich dann verdrückt. Verflixt nochmal! Ich habe die Scherben aufgefegt. Aber vielleicht muss ich Vater mein Taschengeld geben, um die Vase zu ersetzen. Die war bestimmt verdammt teuer.

Vorsicht im Verkehr (77 Wörter)

Damit im Verkehr nichts passiert, bekommen die Viertklässler am Vormittag Unterricht von einem Polizisten. Sie lernen, welche Verbote es gibt und wo man vorsichtig sein muss. Und sie besprechen, wer an einer Kreuzung Vorfahrt hat. Der Polizist schärft der vierten Klasse ein, dass man nie den Helm vergessen darf. Er ist für kleine und große Kinder Pflicht. Die Kinder verstehen, dass er sie zuverlässig vor Verletzungen schützt. Von nun an fühlen sie sich im Verkehr viel sicherer.

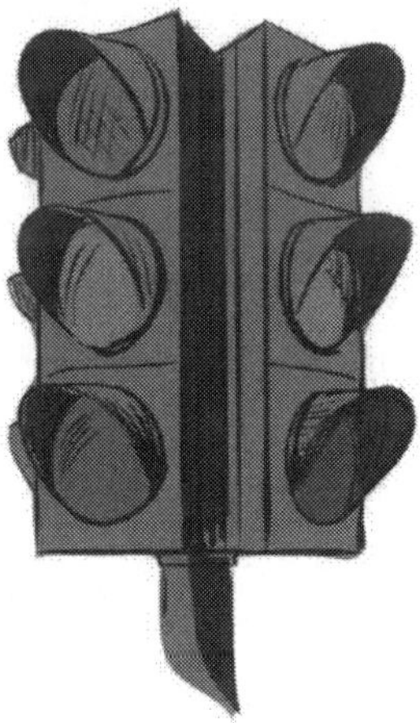

11. Diktate g und k

Übung:

Welche Wörter kennst du, die mit „g“ oder „k“ enden? Sammle in jedem Kästchen sieben Stück!

Wörter mit **...g** am Ende	Wörter mit **...k** am Ende
Beispiele: fleißig, Steg, wenig	Beispiele: stark, Kalk, Volk

Die Ritterburg (73 Wörter)

Meike darf mit ihrem Onkel einen Ausflug machen. Sie wartet schon seit Tagen darauf und ist aufgeregt. Es geht zu einer uralten Ritterburg mit Türmen und einem echten Burggraben. Sie ist von massigen Mauern umgeben und befindet sich auf einem Berg. Um dorthin zu gelangen, müssen sie lange wandern. Der Weg führt an einem Bach entlang und geht steil bergauf. Im Burghof angekommen, setzen sie sich auf eine Bank und trinken kalte Limonade.

Der kranke Zwerg (87 Wörter)

Zwerg Georg geht es gar nicht gut. Sein Kopf glüht und alle Glieder schmerzen. Er hat die Grippe. Der Doktor war schon mit seinem Köfferchen da. Er hat Georg abgehört und Fieber gemessen. Nun will Zwerg Jörg ihn kräftig aufmuntern. Er läutet die Türglocke und klopft an. Dann drückt er die Türklinke und merkt, dass offen ist. „Du armer Kerl", sagt Jörg traurig. Er bringt ihm Kirschkuchen und frische Pfefferminze. Daraus kocht er würzigen Tee, damit sein Kamerad wieder gesund wird. Dankbar trinkt Georg die ganze Tasse.

Die stachelige Beute (88 Wörter)

Ludwig arbeitet an seiner Werkbank. Da hört er ein komisches Knurren hinter dem grünen Gartenhaus. Er springt auf und geht sogleich hinüber. Neben den Kartoffelsäcken hockt sein Hund und hat sich etwas ins Maul geklemmt. Es sieht aus wie eine graue Kugel. Ludwig kann es nicht erkennen. Da spuckt der Hund es aus und kläfft. Die Kugel bewegt sich und rollt sich langsam auseinander. Ein kleiner Igel kommt zum Vorschein. Er keucht und ist ganz eingeschüchtert. Dann vergräbt er sich schnell in einem Berg aus Gras und Laub.

Ein Geschenk für Angelika (92 Wörter)

Angelika hat zum Geburtstag ihr knallgelbes Kleid angezogen. Gerade kommen die Gäste an: Onkel Dominik, Tante Ingrid, Oma Erika und Opa Frank mit der Glatze. Mutter holt den Aprikosenkuchen aus dem Kühlschrank und trägt ihn zum Tisch. Angelika sitzt auf der Eckbank und packt das erste Geschenk aus. Es glitzert und funkelt. Eine silberne Halskette liegt in dem Kästchen. Aus dem großen Paket kommen komische Geräusche. Und der Karton hat kleine Luftlöcher. Angelika bekommt ein Kribbeln im Bauch und kann das Grinsen nicht verbergen. Eine Schildkröte! Sie klatsch überglücklich in die Hände.

12. Diktate Dehnungs-H

Übung:

Bei wie vielen Wörtern musst du ein langes „h“ einsetzen? Zähle mit! *(Antwort: 6)*

Haustü___r	Stro___m
Na___t	vie___l
que___r	Ma___gen
obwo___l	manchma___l
Fa___ne	Ko___l
drama___tisch	Appara___t
Schnu___r	Dikta___t
fe___len	Stu___l
Automa___t	

Blumenkohl und Mohrrüben (91 Wörter)

Wir wohnen im Tal. Es ist sehr ruhig dort. Die nächste Siedlung ist weit entfernt. Ich fühle mich etwas einsam, es fehlen Nachbarn und Spielkameraden. Aber die zahlreichen Tiere machen Spaß: Auf der Wiese stehen Kühe und zwei Fohlen.

Die Schafe grasen fröhlich. Wir haben auch Hühner und ziehen kleine Küken groß. Meine Mutter und mein Stiefvater bauen Gemüse an und haben einen kleinen Laden. Die Leute holen am liebsten Blumenkohl und Mohrrüben. Die sind immer mit einem Mal ausverkauft und es liegen nur noch ein paar Tomaten im kahlen Regal.

Auf dem Jahrmarkt (88 Wörter)

Auf dem Kirchplatz stehen farbenfrohe Buden. Es gibt ein Glücksrad. Man dreht daran und hofft auf die höchste Zahl, nämlich die Zehn. Die Losbude ist ebenfalls sehr beliebt. Soeben hat ein Mädchen einen Walfisch aus Plüsch gewonnen. Sie strahlt und johlt vor Freude. Mit noch mehr Glück bekommt man einen Föhn, einen Bilderrahmen oder einen Seelöwen aus Gummi. Gegen eine Gebühr kann man ein Los erstehen. Die Gefahr besteht darin, nicht mehr aufhören zu können. Ich kaufe mir lieber ein Eis mit Sahne. Dann kann ich nicht verlieren.

Die Wahl (78 Wörter)

Die Klasse 4a wählt zum ersten Mal ihren Klassensprecher. Es stehen mehrere Kinder zur Auswahl, die gern gewinnen möchten. Jeder Schüler schreibt seinen Lieblingskandidaten auf einen Zettel, um ihm seine Stimme zu geben. Eine Kandidatin bekommt mehr Stimmen als alle anderen. Es ist Lea. Sie steigt auf einen Stuhl und wird bejubelt. Lea soll ab nun ihre Mitschüler gegenüber den Lehrern vertreten. Dazu muss sie sehr genau zuhören und geduldig sein. Ob sie das wohl gut meistern wird?

Der schwierige Lehrling (92 Wörter)

Anton sucht seit zehn Jahren seinen Traumberuf. Zuerst war er Lehrling in der Mühle. Aber vom feinen Mehl musste er oft niesen. Dann fing er beim Gärtner an. Doch er fand es wahnsinnig langweilig, Bohnen, Erbsen und andere Samen zu pflanzen. Schließlich sah man ihn als Bedienung in der Eisdiele. Doch er naschte riesige Mengen und bekam Zahnschmerzen. Als Busfahrer taten ihm die Zehen weh. Am Bankschalter hatte er zu wenig Ahnung von Zahlen. Überhaupt ist Anton zu lahm und könnte sich ruhig mehr Mühe geben. Er probiert es jetzt als Kranführer.

Der Fahrlehrer (96 Wörter)

Herr Mohr ist Fahrlehrer. Er erklärt, wie man richtig Auto fährt. Doch er selbst nimmt für gewöhnlich die Bahn. Im dichten Verkehr ermahnt er die Schüler zu mehr Vorsicht.

Anfänger übersehen oft Dinge. Das kann gefährlich sein. Oder es droht sogar eine Strafe. Zeigt seine Armbanduhr halb eins, lehnt er sich gemütlich zurück. Manchmal gönnt er sich einen angenehmen Mittagschlaf. Während der Pause ernährt er sich jeden Tag gesund. Er hat Rührei mit Rahmspinat dabei. Heute hat Herr Mohr früher Feierabend. Anstatt den Bus zum Bahnhof zu nehmen, macht er eine Ausnahme und geht zu Fuß.

13. Diktate i und ie

Übung:

Vervollständige die Sätze mit „i" und „ie"!

Die l___be Fee g___bt etwas ab.

Der D___b best___hlt eine Frau.

Die Zw___bel h___lft nicht.

Die Med___z___n w___rkt.

Die L___lie r___cht gut.

Das Benz___n st___nkt.

Die f___se Wespe st___cht.

Die B___ne fl___gt davon.

Das ___glu ist nicht d___cht.

Die Esk___mos fr___ren.

Die Mus___k erkl___ngt.

Das L___d ist schw___rig.

Vielseitige Kinofilme (78 Wörter)

Marie war schon zwei Mal im Kino. Im ersten Film ging es um einen Mann, der in der Wüste steckenblieb. Sein Auto hatte kein Benzin mehr. Er stieg aus, doch niemand half ihm. Marie hatte Mitleid und ihr liefen die Tränen hinunter. Im nächsten Film fiel ein Dieb über einen Hirten her, der seine Ziegen auf einer Wiese grasen ließ. Die beiden lieferten sich eine Schlägerei. Dieses Mal schaut sie einen Wissenschaftsfilm. Er erklärt, warum Vitamine wichtig sind.

Meine indische Freundin (89 Wörter)

Ich freue mich riesig. Am Dienstag kommt meine liebe Brieffreundin zu Besuch. Sie wohnt in Berlin, aber ihre Eltern sind aus Indien. Weil uns so viele Kilometer trennen, schreiben wir uns Briefe. Das geht schon seit sieben Jahren so. In den Winterferien durfte ich zu ihrer Familie fahren. Es gab indisches Essen mit viel Chili. Das war mir zu scharf. Ich fing an, auf der Stirn zu schwitzen. Da mag ich lieber Grießbrei. Was uns beide verbindet, ist die Musik. Wir spielen beide Klavier und singen die gleichen Lieder.

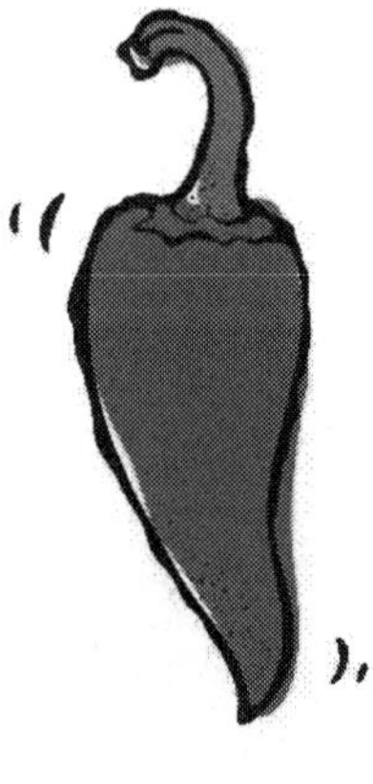

Die Ruine (93 Wörter)

Zwischen unserem Garten und dem Bach steht eine alte Ruine. Sie ist schon ziemlich verfallen und verwildert. Große

Schlingpflanzen und ein Birnbaum wachsen dort. Wir Kinder lieben es, auf die schiefen Mauern zu klettern. Der Wind bläst und Insekten fliegen herum. Von oben kann man hin und wieder einen Biber sehen. Dieses Mal passte ich nicht auf. Ich blieb mit dem Gummistiefel hängen und fiel direkt auf mein Knie. Ich rief nach meiner Mutter und schrie vor Schmerz. Sie war gerade dabei, die Lilien zu gießen und ließ vor Schreck die Kanne fallen.

Fleißige Bienen (83 Wörter)

Es ist April. Im Bienenstock herrscht Gewimmel. Fleißige Arbeiterinnen schwirren aus und suchen nach duftenden Blüten. Gierig saugen sie den Nektar ein. Dann fliegen sie geschwind zurück zu ihrer Königin. Das machen sie wieder und wieder. So tragen sie eine riesige Menge Nektar zusammen. Daraus wird leckerer Honig. Der hilft als Medizin bei Halsschmerzen. Auch andere Lebensmittel enthalten Honig. Zum Beispiel Müsli, Gummibärchen oder Bonbons. Kein Wunder, dass die kleinen Tierchen intensiv arbeiten müssen. Bis ein Kilo Honig zusammen ist, vergeht viel Zeit.

Das Nilpferd beim Tierarzt (87 Wörter)

Im Wartezimmer von Herrn Timbuktu sitzen keine Familien, die niedliche Katzen mitbringen. Auch andere Haustiere sieht man hier nie. Dafür Delphine, Tiger, Krokodile und andere Tiere der Wildnis. Gerade hat ein Nilpferd einen Termin. Das Vieh hat schlimme Zahnschmerzen. Herr Timbuktu muss die gewaltigen Kiefer weit auseinanderschieben, damit er hineinsehen kann. Er gibt dem Nilpferd eine Spritze. Dann zieht er den kranken Zahn. Das ist ganz schön schwierig, schließlich sind die Zähne riesig. „Nicht mehr so viele Pralinen essen!“, schimpft der Tierarzt und gibt ihm noch Medizin.

14. Diktate l und ll

Übung:

Löse die Rätsel und überlege, ob man die Wörter mit „l“ oder „ll“ schreibt!

Dort übernachten Pferde: ___
(Stall)

Diese Krankheit können Hunde haben: ___
(Tollwut)

Darin stehen alle Tage und Monate: ___
(Kalender)

Das zeigt die Waage an: ___
(Kilo)

Das steigt in die Luft: ___
(Ballon)

Dort wohnt der König: ___
(Palast)

Das hängt außen am Haus: ___
(Balkon)

Das sitzt auf der Nase: ___
(Brille)

Der wichtigste Mann im Flugzeug: ___
(Pilot)

Dabei tanzt man auf den Zehenspitzen: ___
(Ballett)

Das wirft man weg: ___
(Abfall)

Damit schreibt man in der Schule: ___
(Füller)

Drollige Igel (85 Wörter)

Wenn im Herbst wieder Igel zu sehen sind, freut sich der Gärtner. Die drolligen Gesellen fressen Schnecken. Sie sind auch mutig und legen sich sogar mit Mäusen und Schlangen an. Nachts suchen sie Futter. Im Dunkeln fallen sie schon mal eine Treppe hinab. Dann rollen sie sich zusammen und kullern wie ein Ball. So tut ihnen der Aufprall nicht so doll weh. Gegen Gefahr helfen die glatten Stacheln. Damit können sie Obst aufspießen, das vom Baum gefallen ist. So bringen sie es zu ihrer Igelfamilie.

Der holländische Maler (86 Wörter)

Ein Maler aus Holland braust schnell mit seinem Roller hinaus in die Natur. Auf der Nase trägt er eine schwarze Brille. Er holt seine Farben und den Pinsel aus der vollen Tasche. Zuerst malt er Wolken in Hellblau. Und dann viele Blumen in grellen Farben. Das sieht toll aus! Er will das Bild auf dem Flohmarkt vor der Sporthalle verkaufen. Als alles fertig ist, schnallt der Maler alles auf dem Roller fest. Er zieht seinen Pullover aus Wolle an und trällert auf der Fahrt ein Lied.

Das Grillfest (87 Wörter)

Es ist Juli. Melanie und Alina sind zum Grillfest eingeladen. Sie dürfen auch ihren Welpen Milo mitbringen. Der winzige Hund hat weiches Fell. Andere Kinder wollen ihn auch einmal halten. Er bellt kaum und tollt gern draußen herum. Gestern hat er eine Knolle ausgegraben. Mutter ist ganz wild geworden, weil Milo ihre Tulpen zerstört. Nun wird zum Essen gerufen und mit den Tellern geklappert. Es gibt Fleisch vom Kalb und Salat. Plötzlich hört man einen Knall. Die Kinder lachen schallend. Eine Wurst ist auf dem Grill geplatzt.

15. Diktate m und mm

Übung:

Verteile die Wörter auf die richtigen Kästchen!

Stimme	Baumstamm	Wimper
Krümelig	Schimmelig	Schlummern
Vitamine	Lamm	Ampel
Strampeln	Stampfen	Klimpern
Kommen	Schlammig	Kamel
stumpf	brummen	Eingeklemmt

	Namenwörter	**Tunwörter**	**Wiewörter**
Wörter mit m			
Wörter mit mm			

Endlich Sommer (82 Wörter)

Schon immer war der Sommer meine liebste Jahreszeit. Das Wetter ist warm und die Sonne lacht am blauen Himmel. Manchmal sieht man, wie die Luft flimmert. Ich kann durch die Stadt bummeln und ein Eis essen. Oder mit meiner Freundin Kim am Staudamm schwimmen gehen. Kim setzt sich jedes Mal eine Wäscheklammer auf die Nase, damit kein Wasser hineinläuft. Das sieht sehr komisch aus! In den Ferien kommen alle Kinder zum Badeplatz. Die Kleinen haben Schwimmflügel an. Das ist ein richtiges Getümmel.

Die fehlende Stimme (74 Wörter)

Am Abend singt der Schulchor. Links stehen die Kinder mit hohen Stimmen. Zwei Mädchen haben den Text vergessen. Sie summen nur die Melodie. Und andere bewegen einfach stumm die Lippen. Ein stämmiger Junge spielt die Trommel und haut sich auf den Daumen. Auch eine Trompete, eine Gitarre und eine Mundharmonika kann man hören. Die schönste Stimme fehlt aber. Emma hat Hausarrest und sitzt daheim in ihrem Zimmer. Sie jammert, dass sie nicht mitsingen darf.

Der gerettete Hummer (87 Wörter)

Timmi ist auf dem Rummelplatz. Er möchte mit seiner Kamera Bilder machen. Vor allem von dem niedlichen Kamel, das man füttern kann. Er kommt an einem Fischhändler vorüber. Dort sieht er einen traurigen roten Hummer. Timmi bekommt Mitleid und kauft das Tier. Er möchte sich daheim um ihn kümmern. In der Küche füllt er Mutters Putzeimer mit Wasser und setzt den Hummer hinein. Wenig später traut er seinen Augen nicht. Der Hummer hält Mutters Schwamm fest umklammert. Dieses Foto wird später eingerahmt und kommt über den Kamin.

16. Diktate n und nn

Übung:

Entscheide, welche Schreibweise richtig ist. Streiche das falsche Wort durch!

Gute Freunde trenen / trennen sich nie.

Ich binde / binnde mir die Schuhe.

Kanst / Kannst du mir helfen?

Nico hat Tränen / Trännen in den Augen.

Der Affe schält sich eine Banane / Bannane.

Ich kann mich nicht erinern / erinnern.

Wir schütteln uns die Hände / Hännde.

Sie schießen mit einer Kanone / Kanonne.

Drinen / Drinnen ist es gemütlich.

Die Kinder sitzen in der Badewane / Badewanne.

Malin kann alle Sterne benenen / benennen.

Die Nonen / Nonnen wohnen im Kloster.

Im Streichelzoo (76 Wörter)

Es ist Donnerstag, heute bekommen wir unsere Zeugnisse. Dann fangen die Ferien an. Am ersten Ferientag fahre ich mit meinen Freundinnen in den Streichelzoo. Dort dürfen wir Kaninchen auf den Arm nehmen und eine ganze Schar Hennen füttern. Eine Ziege kann sogar Männchen machen. Rings um die Gehege ist ein Tannenwald. Dort machen wir einen gemeinsamen Spaziergang. Wir sammeln Tannenzapfen und hübsche Steine. Auch Mohnblumen und Spinnennetze sehen wir. Und eine Menge Bienen, die Nektar sammeln.

Auf dem Spielplatz (88 Wörter)

Tobi und Benni sind Brüder. Sie gehen zusammen durch dick und dünn. Da es heute sonnig ist, wollen sie zum Spielplatz. Zu Beginn schaukeln sie eine Runde und dann spielen sie im Sand. Es gibt auch Tonnen aus Plastik, durch die man durchkriechen kann. Danach

rennen sie um die Wette. Benni stürzt und schürft sich das Kinn auf. Autsch, wie das brennt! Zu Hause steckt Mutter die beiden in die Badewanne. Danach schlüpfen sie in ihre Schlafanzüge.

Mutter macht ihnen Pfannkuchen mit Bananen und eine Kanne heißen Kamillentee.

Der leichtsinnige Hannes (84 Wörter)

Hannes lebt in Finnland. Im Winter gibt es dort Rennen mit Hundeschlitten. Im Januar ist eine Panne passiert und ein Mann wurde verletzt. Hannes kann sich gut daran erinnern. Im Sommer wachsen Johannisbeeren und Blaubeeren in den Wäldern. Er kann jede Sorte unterscheiden und beim Namen nennen. Geschickte Hände hat er auch. Er repariert Dachrinnen und Wasserhähne. Doch Hannes ist außerdem sehr leichtsinnig. Am Sonntag saß er entspannt in der Sonne. Plötzlich roch es drinnen verbrannt. Er hatte den Eintopf auf dem Herd vergessen.

17. Diktate ng und nk

Übung:

Fehlt den Wörtern am Ende ein „ng“ oder ein „nk“? Vervollständige richtig. Schreibe dann alle Wörter unten ins richtige Kästchen.

Beispiel: Gesa___ = Gesang

Ri___	Ta___	Kla___
Ba___	Schmetterli___	ju___
Fu___	Richtu___	Da___
Anfa__	Frühli___	Spannu___
Schra___	Gele___	Geträ___
entla__	Gesta___	kra___
fli___	Di___	Spru___
Gesche___		

...ng	**...nk**

Der Säugling (75 Wörter)

Unsere Mama hat im Frühling noch ein Baby bekommen. Nun haben wir Geschwister einen weiteren Bruder. Wir lieben ihn sehr. Aber so ein Säugling ist auch anstrengend. Am Anfang trank er nur Milch. Jetzt mag er ebenfalls Brei und Pudding. Wir älteren Kinder hatten keine Ahnung, wie sehr die Windel stinken kann. Aber wir machen ihn trotzdem sauber. Nach einigen Wochen hatten wir Übung darin. Wenn der Kleine krank ist, singen wir ihm Lieder vor.

Der Banküberfall (85 Wörter)

Eine schlanke alte Dame betrat die Bank. Sie war ungewöhnlich gekleidet. Zum ungepflegten Umhang trug sie eine dunkle Sonnenbrille. Plötzlich holte sie eine Pistole aus ihrer Umhängetasche. Sie fing an zu rufen: „Hände hoch, das ist ein Überfall!“ Der Herr am Schalter verschloss flink den Geldschrank. „Nehmen Sie das Ding runter“, drohte er der

Frau. Dabei zeigte er auf die Pistole. Er hatte große Angst. Dann traf die Polizei ein, um die Frau ins Gefängnis zu bringen. Die Leute in der Bank waren sehr dankbar.

Die Ringe meiner Oma (79 Wörter)

Meine Oma Inge liebt schöne Dinge. An beiden Händen trägt sie teure Ringe aus Gold. Am rechten Ringfinger steckt ein besonders schwerer Klunker. Er hat blinkende Diamanten. Wenn Oma uns zum Abschied winkt, funkelt es nur so. Im Alter sind ihre Finger dicker geworden. Deswegen ist ein Ring jetzt zu eng. Diesen schenkt sie mir zum Andenken. Für den Schmuck hat Oma eine Menge gearbeitet. Sie hat an einer Tankstelle ausgeholfen. Und für andere Frauen Wäsche gewaschen und aufgehängt.

Der ungezogene Kater (87 Wörter)

Unser Kater Blinki ist sehr ungezogen. Er zankt sich oft mit anderen Katzen. Gestern hat ihn eine an der Wange gekratzt. Blinki ist noch jung und denkt sich viel Unsinn aus. Er gräbt den Dünger aus der Erde aus und klettert Vaters Blumenranken hoch. Er hat auch schon seinen langen Schwanz in einen Farbeimer getunkt. Blinki ist kaum einzufangen und hat viel Energie. Wenn er uns Kinder ablenken will, springt er nur mit den Hinterbeinen. Dann sieht er aus wie ein Känguru und bringt uns zum Kichern.

18. Diktate s und ss

Übung:

Wie lautet die richtige Mehrzahl?

ein Kuss	zwei ___
eine Dose	drei ___
ein Besen	vier ___
ein Pass	fünf ___
ein Kissen	sechs ___
eine Wiese	sieben ___
eine Blase	acht ___
eine Rassel	neun ___
eine Gasse	zehn ___
ein Los	elf ___
ein Kontrabass	zwölf ___
ein Glas	dreizehn ___

Klassenfahrt zum Schloss (87 Wörter)

Die dritte Klasse besteigt einen Reisebus. Sie macht heute einen Ausflug zu einem hübschen Schloss. Die Kinder freuen sich riesig und quasseln wild durcheinander. Sie haben schon Fotos von ihrem Ziel gesehen. Für die Mädchen ist es ein Märchenschloss. Darin wohnt eine blasse Prinzessin. Sie schläft in einem Himmelbett mit rosafarbenen Kissen. Die Jungs denken, es haust seit tausend Jahren ein Riese darin. Er kocht in einem Kessel über dem knisternden Feuer. Nun wollen aber alle Drittklässler die wahre Geschichte wissen. Der Lehrer liest sie ihnen vor.

An der Kasse (79 Wörter)

Mama ist die Beste! Deswegen gehe ich jeden Dienstag für sie zum Supermarkt. Gestern war ich ebenfalls einkaufen. Ich legte eine Dose Erbsen, ein Glas Essiggurken, eine Tüte Nüsse und eine Zahnbürste in den Wagen. Dann noch eine kleine Kiste Mandarinen, Flüssigseife, Mineralwasser und etwas Wurst fürs Abendessen. Ich schaute auch auf die günstigen Preise. An der Kasse raste mein Herz. Ich hatte meine Geldbörse zu Hause vergessen. Doch die Kassiererin hatte Verständnis. Ich durfte die Sachen später bezahlen.

Nils hat die Masern (83 Wörter)

Schon gestern hatte Nils ein böses Kratzen im Hals. Erst tat es nur ein bisschen weh. Jetzt hat er die Masern. Für Hausaufgaben ist er zu müde. Beim Lesen fallen ihm die Augen zu. Er malt mit den Wasserfarben in seinem Malkasten. Doch er passt nicht auf und vermasselt das Bild. Nils hofft, dass es bald besser wird. Spätestens am Samstag muss er wieder gesund sein. Da bauen seine Freunde auf dem Rasen ein Trampolin auf. Das will er auf keinen Fall verpassen.

Die Kissenschlacht (90 Wörter)

Saskia fährt mit anderen Kindern aus dem Dorf ins Ferienlager. Sie gibt ihrer Mutter einen dicken Kuss und verlässt ihr Zuhause. Vor dem Rathaus steht schon ein Kleinbus bereit. Kurz darauf geht die Reise los. Die Stimmung ist ausgelassen. Sie machen Ratespiele und der Beste bekommt einen Preis. Die Betreuerin verteilt die Zimmerschlüssel. Sie nennt die Uhrzeiten fürs Essen und für die Nachtruhe: „Um zehn müsst ihr das Licht ausmachen. Da ist Schluss!“ Angekommen sucht sich jeder ein weiches Bett aus. Dann machen Saskia und ihre Zimmergenossinnen eine lustige Kissenschlacht.

19. Diktate s und ß

Übung:

Welche Begriffe mit „s“ oder „ß“ fallen dir ein? Schreibe je acht Stück in die Liste!

Begriffe mit „s“:	**Begriffe mit „ß“:**
Beispiele: ich lese, Bus, böse	Beispiel: er fraß, Stoß, bloß
1.	1.
2.	2.
3.	3.
4.	4.
5.	5.
6.	6.
7.	7.
8.	8.

Das Fußballturnier (87 Wörter)

Dennis will heute seiner Mannschaft auf dem Sportplatz zusehen. Er selbst spielt auch Fußball. Aber heute darf er nur zusehen. Dennis hat sich vor sechs Wochen am Schlüsselbein verletzt. Er muss sich erst noch etwas erholen und fleißig Übungen machen. Trotzdem lässt er sich den Spaß nicht vermiesen. Ein Junge spielt barfuß, ein anderer gibt ihm einen Stoß von der Seite. Es geht heiß her auf dem Platz. Kurz vor dem Ende schießt einer ein Tor. „Krasser Schuss!", denkt Dennis. Die Mannschaft ist außer sich vor Freude.

Der dreißigste Geburtstag (86 Wörter)

Tante Isabel feiert ihren dreißigsten Geburtstag. Sie veranstaltet ein großes Gartenfest. Isabel trägt eine neue Bluse und genießt ihren Tag. Zu Beginn gießt sie jedem Gast ein Glas Sekt ein. Kindern schmeckt Sekt scheußlich. Deswegen bekommen sie Brause. Auf dem Tisch stehen köstliche Speisen. Erst essen wir heiße Suppe. Anschließend gibt es Wassermelone. Die Gäste bringen großartige Geschenke mit: einen Strauß roter Rosen und eine passende Blumenvase. Auch ein scheußliches Geschenk ist dabei. Es ist ein stacheliger Kaktus. „Den muss ich wenigstens kaum gießen!", lacht Isabel.

Der neue Hase (87 Wörter)

Pascal und Gesine haben einen Hasen aus dem Tierheim geholt. Es war immer ihr größter Wunsch, ein Haustier zu haben. Der Hase rast durch den Garten. Er fraß auch schon Mutters Petersilie. Manchmal klettert er bei Bauer Krause auf den Misthaufen. Die Kinder lassen ihn über einen Besenstiel springen. „Passt bloß auf, dass er nicht auf die Straße läuft!", meint Pascal besorgt. Schließlich kennt er sich noch nicht aus. Wenn der Hase eine Pause braucht, springt er Gesine auf den Schoß. Dort füttert sie ihn mit Gras.

Die Auslandsreise (73 Wörter)

Karsten hat riesiges Glück. Dieses Jahr darf er mit seinen Großeltern ins Ausland fliegen. Sie machen Urlaub auf einer spanischen Insel. Dafür braucht Karsten einen Reisepass. Der Fotograf macht ein Passbild. Es muss bestimmte Maße haben. Die drei genießen jeden Tag auf der Insel. An der Küste weht starker Wind. Sie lassen einen Drachen steigen. Zu essen gibt es Fleisch am Spieß. Karsten schreibt eine Postkarte. So sendet er viele Grüße nach Hause.

20. Diktate s, ss und ß

Übung:

Löse die Rätsel und überlege, ob man die Wörter mit „s“, „ss“ oder „ß“ schreibt!

Das Ende einer Geschichte: ___
(Schluss)

Das fressen Kaninchen: ___
(Gras)

So heißt der größte Vogel: ___
(Strauß)

Das macht man mit kniffligen Aufgaben: ___
(lösen)

Darin ist Wasser für die Blumen: ___
(Gießkanne)

So heißen Punkte auf der Nase: ___
(Sommersprossen)

Das sagt man zum Abschied: ___
(tschüss)

Das schickt man netten Leuten: ___
(Gruß)

Das macht schlau: ___
(Lesen)

Darin knetet man den Teig: ___
(Schüssel)

Das geben sich Paare: ___
(Kuss)

Das kommt auf die Nudeln: ___
(Soße)

Das Floß (96 Wörter)

Es ist ein heißer Sommertag. Die Freunde wollen ein Floß bauen und damit auf dem Fluss fahren. Das Gewässer ist trüb. Sie binden runde Balken mit Seilen zusammen. „Vergesst nicht, alles gut festzubinden!“, sagt der Anführer, „ich verlasse mich auf euch!“ Sie spießen ein Stück Stoff an einem langen Ast auf. So haben sie auch eine Fahne am Floß. Am Ufer steigen sie ein. Dazu müssen sie barfuß durch die Brennnesseln stapfen. Die Fahrt geht los. Doch eines der

Seile reißt auseinander. Die Kinder fallen ins Wasser und werden durchnässt. Trotzdem haben sie ihr Abenteuer genossen.

Das Orangeneis (78 Wörter)

Melissa und Lars sind fleißig. Sie wollen leckeres Orangeneis machen. Das soll eine Überraschung für ihre große Schwester werden. Zuerst suchen sie in der Küche einen Messbecher und eine Tasse. Damit können sie die Zutaten abmessen. Dann pressen sie die Orangen aus. Der Saft kommt in eine rosafarbene Schüssel. Die Arbeit ist anstrengend. Melissa läuft der Schweiß herunter. Die fertige Masse geben sie in die Eismaschine. Jetzt heißt es warten. Erst morgen wird die süße Nachspeise fertig sein.

Das Hochwasser (86 Wörter)

Der Regen prasselt aufs Dach. Seit Tagen regnet es ohne Pause. Es gießt wirklich wie aus Eimern. Auf der Wiese hat sich ein riesiger See angesammelt. Sebastian findet das Hochwasser äußerst spannend. Er will unbedingt draußen sein. Es ist ihm egal, dass er dabei nass wird. Vor dem Haus haben Bagger die Straße aufgerissen. Das Wasser fließt in Strömen in die Grube hinein. Alles verwandelt sich in Matsch. Der Regen tropft Sebastian von der Nase und die Gummistiefel drücken. Er hat schon eine Blase am Fuß.

Die schlaue Prinzessin (83 Wörter)

Tessa liest eine fesselnde Geschichte. Es geht um ein gruseliges Schloss. Jeden Tag kommt ein Reiter auf einem schwarzen Ross die schmale Gasse herauf. Er bringt der Prinzessin die feinsten Speisen: Nusskuchen und andere Süßigkeiten. Zum Abschied wirft er ihr einen Handkuss zu. Das geht schon seit dreißig Tagen so. Er ist ein hinterlistiger Schurke. Er will sich in den Palast einschleichen, so dass er Gold und Messing rauben kann. Doch die Prinzessin durchschaut sein mieses Spiel. Sie übergießt ihn mit einem Weinfass.

Der Busunfall (74 Wörter)

Auf der Hauptstraße gab es einen Unfall. Zwei Busse sind zusammengestoßen. Es hat stark geregnet. Das Wasser auf der Straße spiegelte. Und die Scheiben waren nass. Einer der Busfahrer missachtete aus Versehen eine Ampel. Der andere Fahrer bekam einen Schreck. Er bremste hastig. Zum Glück ist niemand verletzt. Die Busse haben nur außen einen

Schaden. Das Erlebnis war trotzdem ein Schock für alle Fahrgäste. Die Passagiere steigen aus und gehen zu Fuß nach Hause.

21. Diktate sp und st

Übung:

Kannst du die Lücken ergänzen? Was muss eingesetzt werden, „sp“ oder „st“?

Oma ___ickt mit einer ___itzen Nadel.

Sie will Geld für neue ___iefel an___aren.

___ändig ___reiten die Brüder, wer ___ärker ist.

Der Herr trägt einen fanta___ischen Anzug mit We__e.

In der ___adt gibt es viel mehr ___ielplätze.

Gib___ du mir deine Hand? Son__ ___ürze ich.

Ich lese ein ___annendes Buch über Gei__er und Ge__enster.

Michi läuft ha___ig an___att zu trödeln.

Ich ___üle das Geschirr, bis es ___iegelt.

Der Storch und der Spatz (83 Wörter)

Ein Storch stolzierte am Bach entlang. Da stolperte er über einen Stein. Der Storch fiel nach vorne und brach sich die Schnabelspitze. Er jammerte und konnte nicht aufstehen. Da kam ein Spatz auf seinem Spaziergang vorbei. Mit seinem Spazierstock half er dem Storch auf die Beine. Anschließend brachte er ihn zum Tierarzt. Der Doktor gab dem Storch eine Spritze. Bald spürte er keinen Schmerz mehr. Dann bekam er einen Gips um den Schnabel. Eine Woche lang konnte er nur mit einem Strohhalm trinken.

Der Sprachkurs (82 Wörter)

In diesen Herbstferien ist alles anders. Die Kinder dürfen freiwillig zur Schule kommen. Dort lernen sie eine neue Sprache. Es gibt Kurse in Englisch, Spanisch und Italienisch. Der Unterricht dauert drei Stunden. Die Schüler bekommen

ein spezielles Buch. Damit können sie Leute in anderen Ländern verstehen. Und auch ein bisschen mit ihnen sprechen.

Die Stimmung ist gut und die Kinder haben Spaß. Sie bekommen keine Strafarbeiten, denn die Lehrer sind nicht streng. Sie lassen die Schüler auch mal bei ihren Nachbarn spicken.

Die Stiefschwestern (82 Wörter)

Christine und Stefanie sind Stiefschwestern. Leider verstehen sie sich nicht besonders. Ständig gibt es Streit zwischen den Mädchen. Beide sind sehr stur und wollen ihr Spielzeug nicht teilen. Christine hat ein neues Sprungseil. Stefanie passt das gar nicht. Sie ist neidisch und versteckt das Seil an den verrücktesten Stellen. Christine zahlt es ihr später heim. Sie lässt Stefanies Anspitzer verschwinden. Nun muss sie mit stumpfen Stiften malen. Nicht einmal beim Essen herrscht Waffenstillstand. Sie streiten sich auch um das letzte Stück Pizza.

Das Kostüm (86 Wörter)

Bald ist Fastnacht. Bastian weiß nicht, wie er sich verkleiden soll. „Geh doch als Gespenst“, schlägt sein Vater vor. Er verspricht, in der Stadt danach zu suchen. Doch Gespenster sind restlos ausverkauft. Es gibt kein einziges Kostüm mehr. Bastian ist enttäuscht und starrt vor sich hin. Da fällt Vater eine Lösung ein. Er bestellt das Kostüm im Internet. So können sie noch etwas Geld sparen. Am Samstag bringt der Postbote das Paket. Fast wäre es zu spät gekommen. Nächstes Jahr bestellen sie lieber schon im Herbst.

Der Sportunterricht (74 Wörter)

Ich warte mit Spannung auf mein Zeugnis. In der Schule macht mir Sport am meisten Spaß. Ich kann nicht so gut rechnen. Und basteln ist stinklangweilig. Beim Sport finde ich Weitsprung und Hochsprung am besten. Und ich renne gern. Davon bekommt man starke Muskeln. Manchmal machen wir einen Staffellauf. Spiele wie Federball sind auch toll. Bald komme ich in die nächste Klassenstufe. Dann haben wir Naturkunde. Da lernen wir etwas über Steine und Sternschnuppen.

22. Diktate t und tt

Übung:

Musst du „t“ oder „tt“ einfügen? Vervollständige die Geschichte.

Malte und seine Mi___schüler spielen Quarte___. Malte braucht einen Ra___, welche Kar___e er legen soll. Er hat gewe___et, dass er diese Runde gewinn___. Leise be___et er für e___was Glück. Seine Bi___e wird erhör___. Er zieh___ eine gu___e Karte aus dem Stapel. Stolz legt er sie in die Mi___e. Die anderen sind bi___er en___äuscht.

Seltsame Schritte (73 Wörter)

Bettina wacht nachts auf. Sie hat Nasenbluten. Sie befürchtet, dass es Blutflecken auf der Bettdecke gibt. Deshalb will sie sich Watte in die Nase stecken. Sie klettert aus dem Bett. Dann geht sie hinüber ins Bad. Plötzlich hört sie Schritte im unteren Stockwerk. Bettina zittert. Ob es ein Einbrecher ist?

Mutig späht sie nach unten. Da sitzt ihr Bruder Robert in der Küche. Er konnte nicht schlafen. Jetzt isst er noch ein Butterbrot.

Der Ausritt (85 Wörter)

Wir haben einen Reiterhof. Mutter will heute Mittag einen Ausritt machen. Die ganze Familie kommt mit, auch Hund Otto. Mitten auf der Wiese halten wir an und breiten Matten aus Stroh aus. Wir schnattern und Papa spielt Gitarre. Es gibt Schnittchen und Blutwurst. Auch Otto bekommt Futter. Meine Schwester schnappt sich die letzte Brotschnitte. Die Platte ist komplett leer. Wütend verpasse ich ihr einen Tritt. „Das war keine nette Tat. Entschuldige dich!“, bittet Mama. Zu Hause macht sie uns Bratkartoffeln. Dieses Mal werden alle satt.

Der kaputte Zaun (78 Wörter)

Wie schön der Garten aussieht! Der Quittenstrauch hat schon zarte Blüten. Daneben leuchten rote Blumen. Auch der Dattelbaum hat neue Blätter bekommen. Sie geben im Sommer schön Schatten. Im bitterkalten Winter war jedoch der Zaun kaputtgegangen. Auch das Gatter am Hühnerstall hatte gelitten. Doch der Besitzer war noch fit. Mit der Hilfe seiner Frau konnte er alles reparieren. Sie hatte einen guten Rat. Flott holten sie eine Leiter herbei. Dann nagelte der Besitzer die kaputten Bretter wieder zusammen.

23. Diktate tz und z

Übung:

Welche Wörter kannst du mit dem Wortstamm noch bilden? Überlege dir jeweils zwei weitere!

Witz	*Witzebuch*	*witzig*
putzen	*putzig*	*Putzeimer*
Holz		
spitz		
Herz		
Schatz		
reizen		
Trotz		
kurz		
Kreuz		
Schutz		
Salz		
Blitz		
Holz		

Beim Zahnarzt (78 Wörter)

In meiner Freizeit tanze ich gern. Jeden Donnerstag gehe ich zum Tanzunterricht. Letzte Woche habe ich meine Mütze unterwegs verloren. Da musste ich richtig hetzen, um nicht zu spät zu kommen. Mein Herz klopfte und ich musste mich erst einmal hinsetzen. Heute kann ich leider nicht tanzen gehen. Ich habe Zahnschmerzen und muss zum Arzt. Er wird die Zahnwurzel behandeln und mir Medizin geben. Das finde ich gar nicht witzig. Vor allem vor der Spritze habe ich Angst.

Die Tierschützerin (91 Wörter)

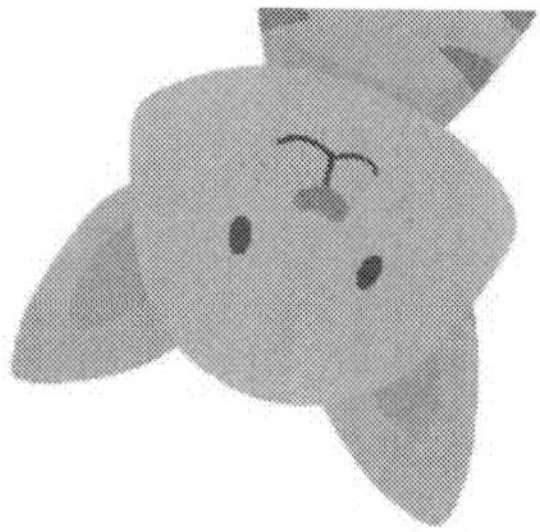

Frau Schmitz hat ein großes Herz. Der Tierschutz ist ihr sehr wichtig. Sie kümmert sich um Tiere, die keinen Besitzer haben. Manche sind verletzt und haben Schmerzen. Die bringt sie zum Tierarzt. Gestern hat sie ein putziges Kätzchen gefunden. Es hatte einen tiefen Kratzer in der Tatze. Bestimmt hatte es sich mit anderen Katzen gezankt.

Der Tierarzt verbindet die Wunde. Dann bekommt das Kätzchen noch eine Schutzimpfung. Es gibt auch Menschen, die ihre Hunde und Katzen zu einem Parkplatz bringen. Dort werden sie einfach ausgesetzt. Das findet Frau Schmitz ganz traurig.

Große Hitze (81 Wörter)

Matze kommt heute schon zeitig von der Schule. Seine Mutter ist verdutzt, als er plötzlich vor der Tür steht. „Wir haben hitzefrei!“, strahlt Matze. Die freien Stunden will er mit seinen Klassenkameraden auf dem Sportplatz nutzen. Doch wegen der großen Hitze spielt niemand Ball. Sie schwitzen viel zu sehr. Also gehen sie lieber baden. Mit einem Satz springen die Kinder in den Fluss und spritzen mit Wasser. Dann setzen sie sich unter einen Baum. Jeder in der Runde erzählt einen Witz.

Der Hausputz (88 Wörter)

Der Frühjahrsputz ist ein alter Brauch. Wenn der Winter vorbei ist, wird das ganze Haus vom Schmutz befreit. Denn von Dezember bis März schleppt die Familie viel Dreck herein. Der landet in jeder Ritze im Boden. Meine Mutter beschließt, dass wir alle helfen müssen. Jeder putzt an einem Platz. Niemand darf faul herumsitzen. Wir geben uns Mühe und schwitzen alle. Letztes Jahr habe ich die schmutzigen Spiegel sauber gemacht. An einer spitzen Kante verletzte ich mir den Finger. Heute ziehe ich zum Schutz lieber Handschuhe aus Gummi an.

24. Diktate Doppelkonsonanten

Übung:

Welche doppelten Mitlaute fehlen hier? Jedes der Paare „bb“, „ff“, „gg“ und „ll“ kommt zwei Mal vor.

Lö___el	Fla___e	Gira___e
Ru___el-bild	kra___eln	Fa___e
Kna___	Ba___er	

Welche doppelten Mitlaute fehlen hier? Jedes der Paare „mm“, „nn“, „pp“, „rr“ und „tt“ kommt zwei Mal vor.

Unsi___	Schnu___b	pla___
he___lich	art	schla___
Hi___el	Gru___e	Ra__e
	Ta___e	Ko___a

Der Lottogewinn (84 Wörter)

Es ist Sonntag. Unsere Familie sitzt beim Abendessen. Im Fernsehen läuft die Wettervorhersage. Dann kommen die Lottozahlen. Im Sommer hatte mein Papa beschlossen, von nun an Lose zu kaufen. Mama war immer dagegen. „Mehr als einen billigen Kamm habe ich noch nie gewonnen", jammerte sie. Der Herr im Fernsehen gibt die Nummern bekannt. Die Spannung steigt. Papa verschüttet vor Schreck die Suppe. Er hat eine Schiffsreise gewonnen. Mama flippt aus vor Freude und kann es gar nicht fassen. Sie will sofort die Koffer packen.

Der Erdball (87 Wörter)

Anne und Kalle wollen mit dem Globus spielen. Sie sind begeistert von dem tollen Erdball, der im Inneren eine Lampe hat. Man kann die Meere und Kontinente sehen und die Kugel schnell im Kreis drehen. Die Erde besteht zu zwei Dritteln aus Wasser. Im Ozean leben schillernde Fische, Quallen und Muscheln. Die Wellen machen den Tieren nichts

aus. Leider schwimmen mitten auf dem Wasser viele Tonnen Müll. Auch den Nordpol und Südpol kann man auf dem Erdball sehen. Dort gibt es riesige Eisschollen mit Eisbären und Robben.

Das hellgrüne Fahrrad (82 Wörter)

Am Mittwoch war es soweit. Wir haben mein neues Fahrrad abgeholt. Der Sattel am alten Rad war zu niedrig geworden. Mein Papa hat mir die Reifen aufgepumpt, bis sie prall waren. Hoffentlich bekomme ich damit keinen Platten. Mir gefällt die Farbe, das Fahrrad ist hellgrün. Auch die Klingel finde ich toll. Sie ist laut und schrill. Damit hören mich bestimmt alle. Hinten habe ich einen Fahrradkorb aus Metall. Er hat sogar einen Deckel. Dann muss ich nicht mehr aufpassen, dass nichts herausfällt.

Im Museum (84 Wörter)

Das neue Schuljahr beginnt. Am Mittwoch geht die vierte Klasse ins Museum. Es gibt eine Ausstellung über das Weltall. Ole rennt zur Haltestelle. Dort trifft er seine Mitschüler. Sie fahren mit der Bimmelbahn bis zur dritten Station. Zwei Lehrerinnen begleiten die Gruppe. Im Museum betreten alle die große Halle. Sie gehen die Treppen hinunter und setzen sich auf Klappstühle. Eine Mitarbeiterin stellt sich vor und spricht über Satelliten. Später dürfen die Viertklässler noch die Sammlung im Museum anschauen. Zum Abschluss bekommt jeder einen Schlüsselanhänger.

FAZIT

Die richtige Schreibweise der deutschen Sprache zu erlernen, bereitet Kindern oft Schwierigkeiten. Nicht jeder Schüler bringt das gleiche Talent mit oder wird durch sein direktes Umfeld ausreichend gefördert.
Dabei ist und bleibt Rechtschreibung ein elementarer Bestandteil des Deutschunterrichts. Und nicht nur das, sie legt ebenfalls entscheidende Grundlagen für das weitere Lernen und stellt die Weichen für ein umfassendes Sprachverständnis und Schreibvermögen. Beides ist für die weitere schulische und berufliche Entwicklung unabdingbar.
Selbst wenn sich Diktate nicht unbedingt größter Beliebtheit erfreuen, können sie ein tolles Hilfsmittel sein, um Ihren Schülern die Grammatik nahezubringen. Und das mit möglichst unterhaltsamen Kurzgeschichten und kindgerechten Themen, die neugierig machen, Spannung aufbauen, zum Schmunzeln bringen und Wissen vermitteln. Ohne Kinder mit Inhalten zu konfrontieren, die sie besorgen oder beunruhigen könnten.
Vielleicht werden Ihre Schüler dank der 101 Texte feststellen, dass Diktate tatsächlich Spaß machen können. Und zwar

selbst denen, deren Stärken mehr im mathematischen, künstlerischen oder sportlichen Bereich liegen.

Wir hoffen, dass Sie viele Diktate aus diesem Buch verwenden und optimal für Ihren Unterricht nutzen können. Und diese Sammlung darüber hinaus auch inspirierende Ideen liefert, mithilfe derer Sie gemeinsam mit Ihren Klassen eigene Texte erstellen können.

1. Auflage

Der Autor wird vertreten durch
Paul Müller
Uferpromenade 11
14656 Brieselang
Covergestaltung: Marie Wölk
wolkenart.com

Printed in Germany
by Amazon Distribution
GmbH, Leipzig

24182545R00061